DON ANTONIO TEDESCO – BERND O. SCHMIDT

Ein Spaziergang durch den Vatikan

Was Kinder über den Vatikan, den Papst und die katholische Kirche wissen möchten

Illustrationen von Erika Vogl-Kis

edition KAPPA

Inhalt

Meinen Mitgefährten auf dem Pilgerweg des Lebens in Rom

DON ANTONIO

Ein Tag im Vatikan mit Monsignore Don Antonio

Die Geschwister Pollino und Pollina waren bereits einmal in Rom zu Besuch gewesen. Weil sie hier in der »ewigen Stadt« ganz besonders der Vatikan faszinierte, sind sie in Begleitung ihrer Eltern erneut nach Rom gekommen und wollen nun noch viel mehr über den Vatikan erfahren. Dazu haben sie heute eine ausgezeichnete Gelegenheit: Monsignore Don Antonio, der Leiter des deutschen Pilgerzentrums in Rom, wird die beiden auf einen Spaziergang durch den Vatikan mitnehmen. »Monsignore« ist italienisch und bedeutet »mein Herr«. Es ist ein Titel und eine Anrede für einen katholischen* Geistlichen, der einen besonderen Rang in der kirchlichen Hausordnung einnimmt. »Monsignore« wird vom Papst persönlich verliehen. »Don« dagegen ist in Italien eine Bezeichnung, mit der man einen Geistlichen anspricht.

Monsignore Don Antonio ist ein Spezialist in Sachen Vatikan; seit vielen Jahren lebt er in Rom und arbeitet für die katholische Kirche. Im Vatikan kennt er sich bestens aus. Er weiß eine Menge interessanter Geschichten über diesen Ort und seine Bauten zu erzählen – auch über die Zeit, als alles am »Mons Vaticanus« begann …

Alle mit * gekennzeichneten Begriffe sind im Glossar ab Seite 100 erklärt.

Pollino und Pollina haben sich vorgenommen, dem katholischen Kirchenmann eine Menge Fragen zu stellen: Über so vieles, was Kinder über den Vatikan, den Papst und die katholische Kirche wissen möchten.

Treffpunkt Petersplatz

Vor wenigen Minuten haben Pollino und Pollina das Hotel verlassen. Schnellen Schrittes überqueren sie die Brücke »Ponte Fabricio«, um hier an der Tiberinsel auf die andere Seite des Flusses zu gelangen. Plötzlich packt Pollina ihren Bruder am Arm und hält ihn fest: »Siehst du auf der Brüstung den steinernen Kopf mit den vier Gesichtern? Da ist Janus, der römische Gott des Anfangs und des Endes oder des Ein- und Ausgangs dargestellt. Er blickt gleichzeitig nach vorne und zurück. Meistens haben ihm die Römer zwei, manchmal aber auch vier Gesichter gegeben. Die Brücke, auf der wir uns befinden, stammt nämlich noch aus der römischen Antike.« Auch Pollino hat etliches Wissen über das antike Rom parat und entgegnet prompt: »Genau, die Brücke hier haben die Römer im Jahr 62 vor Christus erbaut. Aber sind dir die Brücken-Ruinen gleich da vorne, flussabwärts, aufgefallen? Diese Brücke war die erste, die die Römer über den Tiber gebaut haben. Man nennt sie *Ponte Rotto*, die *kaputte Brücke*.«

»Komm, nun lass uns schnell weitergehen!«, fordert Pollina ihren Bruder auf. »Ich bin schon so gespannt, was wir heute mit Monsignore Don Antonio alles erleben werden.«

Pollino und Pollina folgen der Straße, die den Tiber entlangführt. Unten liegt der Fluss, er glitzert silbern in der Morgensonne; die Sonne strahlt von einem wolkenlosen Himmel. Nun biegen sie links ein und befinden sich in der Via della Conciliazione. Am Ende dieser breiten, herrschaftlichen Straße erkennen sie den mächtigen Petersdom. Pollino und Pollina haben sich mit Monsignore Don Antonio am großen Obelisken auf dem Petersplatz verabredet. Bevor sie den Platz betreten, bleiben sie wie gebannt stehen. Vor ihnen tut sich eine einzigartige Szenerie auf: Der helle Kirchenbau thront über dem weiten Platz mit den Säulengängen. In der Mitte des Platzes steht ein Obelisk mit zwei herrlichen Brunnen an seiner Seite. Sie werfen ihr Wasser hoch in den Himmel, und die Sonnenstrahlen brechen sich in den feinen Tropfen.

Im nächsten Moment entdecken die Kinder schon den Kirchenmann im schwarzen Anzug: »Buon giorno, Monsignore, hier sind wir!«, winken sie aufgeregt. Er erkennt die Geschwister sofort. »Pollina und Pollino, wie schön euch zu sehen! Na, wie geht es euch bei diesem strahlenden Wetter? – Heute ist ein herrlicher Tag! Lasst uns gleich unseren Rundgang starten! Ihr werdet sehen, der Besuch im Vatikan ist ein unvergessliches Erlebnis – so viele Sehenswürdigkeiten und Zeugnisse der christlichen Kultur gibt es zu bestaunen ...«

Bereits am Morgen herrscht auf der Piazza San Pietro, so heißt der Platz des heiligen Peter auf Italienisch, reges Treiben. Einheimische eilen geschäftig über den Platz zur Arbeit. Touristen stehen in Gruppen zusammen; eifrig halten sie die Motive auf ihren Foto- und Videokameras fest. In einer bereits beachtlichen Menschenschlange entlang des rechten Säulengangs warten schon viele geduldig auf Einlass in den Petersdom.

Pollinos Interesse gilt indessen der beeindruckenden Kuppel des Petersdoms. »Pollina, sieh dir nur mal diese gigantische Kirchenkuppel an! Sie ist ein technisches Meisterwerk«, erklärt er seiner Schwester. »Stell dir vor, sie ist bis heute die größte der Welt! Dabei hat sie der Künstler Michelangelo bereits vor 500 Jahren konstruiert.«

»Tja, und dieser Michelangelo war nicht nur Architekt, er war auch ein begnadeter Bildhauer und Maler. Deswegen haben ihn die Päpste aus seiner Heimatstadt Florenz hierher nach Rom zu sich in den Vatikan geholt«, fügt Pollina an.

»Vatikan, Vatikan ... – was bedeutet dieser Name eigentlich? Wie lange gibt es denn den Vatikan schon, und was hat er genau mit der katholischen Kirche zu tun?« Pollino stellt »seinem« Exkursionsleiter Don Antonio sogleich eine Menge Fragen.

Der Vatikan

Der Vatikan ist der kleinste anerkannte Staat der Erde. Offiziell heißt dieser Staat »Stato della Città del Vaticano« - auf Deutsch »Staat der Vatikanstadt«. Seine Fläche misst 0,44 Quadratkilometer. Er befindet sich am westlichen Tiberufer und liegt inmitten der italienischen Hauptstadt Rom. Der Vatikanstaat zählt etwa 550 Staatsbürger. Der Vatikan ist der Staat der katholischen Kirche. Der Papst ist das Oberhaupt der katholischen Kirche und damit gleichzeitig Staatsoberhaupt des Vatikans. Der Papst lebt hier im Vatikan, umgeben von Kardinälen, Prälaten und seiner Leibwache, der Schweizergarde.

Der Vatikan umfasst den Petersplatz, die Peterskirche und den Vatikanischen Hügel. Hohe, wehrhafte Mauern umgeben den Hügel. Hinter den Mauern des Vatikan befinden sich Gärten, Kapellen, Paläste und Dienstgebäude. Für die Öffentlichkeit zugänglich sind der Petersplatz, die Peterskirche, die Vatikanischen Museen, die Gärten sowie einige andere Plätze innerhalb des Vatikans.

Zirka 3000 Angestellte kommen fast täglich von außerhalb in den Vatikan zur Arbeit: Verkäufer, Restauratoren, Köche, Büroarbeiter, Reinigungspersonal oder Angestellte der staatseigenen Bank, der Vatikanbank; oder die Mitarbeiter der Redaktion und der Druckerei der Vatikanzeitung. Der Vatikan veröffentlicht eine eigene Tageszeitung: den *L'Osservatore Romano*. Er erscheint auch als Wochenausgabe in Deutsch und den wichtigsten Weltsprachen. Der Vatikan unterhält zudem eine eigene Radiostation - sie heißt *Radio Vatikan*.

In Rom und seiner Umgebung besitzt der Vatikan noch weitere Kirchen und Paläste. Diese befinden sich jedoch nicht auf seinem Staatsgebiet, sondern auf italienischem Boden. So auch die Sommerresidenz des Papstes. Sie liegt in Castel Gandolfo, einem Ort in den Albaner Bergen, südöstlich von Rom. Hier verbringt der Papst die Zeit zwischen Juli und September, wenn es in der Stadt am Tiber heiß und schwül ist.

Dem Vatikan gehören auch die drei weiteren Hauptbasiliken* in Rom: *San Giovanni in Laterano (die Laterankirche), Santa Maria Maggiore* und die Kirche über dem Grab des Apostels Paulus: *San Paolo fuori le Mura (Sankt Paul vor den Mauern).*

Der Vatikan – Ein geschichtsträchtiger Ort

»Zugegeben, der Vatikan-Staat ist ziemlich klein, er ist nur so groß wie etwa 60 Fußballfelder. Doch ich kann euch versichern: Er ist einzigartig! Nirgendwo anders gibt es auf so engem Raum so viele großartige Gebäude und wertvolle Kunstschätze, wundervolle Gärten, Museen, Bibliotheken und das wohl beeindruckendste Gotteshaus auf der ganzen Welt – den riesigen Petersdom«, erläutert der Monsignore.

»So sieht der Vatikan heute aus, aber wie war es hier eigentlich früher?«, fragen Pollino und Pollina.

»Der Vatikan blickt auf eine lange und ereignisreiche

Geschichte zurück, die manchmal etwas unübersichtlich erscheint. Passt auf!«, beginnt Don Antonio:

»Im fernen Altertum gehörte das Gebiet hier westlich des Tiber zum Land der Etrusker. Die Etrusker waren ein Volk, das wahrscheinlich aus Kleinasien eingewandert und in Mittelitalien sesshaft geworden war. Die Etrusker entwickelten eine hohe Kultur. Auf der anderen Seite des Flusses, im Osten, lebten zunächst verschiedene Stämme. Dann wurde im Jahr 753 vor Christi Geburt die Stadt Rom gegründet.

Die Grenze zwischen dem etruskischen Land und dem Römerland war damals der Tiber. Der Fluss bildete eine schier unüberwindliche Grenze. Der Brückenbau war zu jener Zeit in Europa noch nicht erfunden«, erklärt der Monsignore den Kindern.

»Ja, – die erste Brücke errichteten die Römer erst über 600 Jahre später, im Jahr 142 vor Christus! Auf dem Weg hierher sind wir an dieser Brücke in Rom vorbeigegangen. Erinnerst du dich Pollina?«, wirft Pollino ein: »Sie heißt *Ponte Rotto*, die *kaputte Brücke*, denn von ihr stehen nur noch einige Ruinen im Fluss. Sie liegt unterhalb der Tiberinsel!«

»Richtig Pollino!«, lobt Don Antonio. »Und vorher, in Zeiten ohne Brücken, war für beide Völker – Römer wie Etrusker – die jeweils andere Seite eine unbekannte, geheimnisvolle Welt. Das Brückenbauen galt dann auch in späteren Zeiten bei den Römern als eine herausragende Leistung. Der Brückenbauer hieß *Pontifex*. Den Titel *Pontifex Maximus*, ›höchster Brückenbauer‹ also, den trugen jedoch die Priester. Ihre Aufgabe war es, eine Brücke zwischen den Göttern und den Menschen zu schlagen.

Und so wird auch der Papst bezeichnet! *Pontifex Maximus* ist ein römischer Titel, den der Papst noch heute als Zusatz trägt. Er ist der *Pontifex Maximus* – der höchste Brückenbauer; er baut die Brücke von Gott zu den Menschen.«

Mons Vaticanus – Der Berg der Prophezeiung

»Um zu verstehen, warum gerade der Vatikan zu einem besonderen, heiligen Ort wurde, verrate ich euch jetzt noch mehr über die ganz frühen Anfänge«, fährt Don Antonio fort.

»Auf der westlichen Seite des Tiber, die damals etruskisch war, stehen drei Berge: Nördlich befindet sich der Monte Mario; angrenzend in der Mitte der Vatikan-Hügel, der *Mons Vaticanus*, wie er auf Lateinisch heißt; und der Janus-Hügel – die Römer nennen ihn *Gianicolo* – schließt im Süden ab.

Der Monte Mario, der *Mons Vaticanus* und der Janus-Hügel gehören zu einem einzigen Höhenzug. Das Wort ›vaticanus‹ hat seine Wurzeln in der etruskischen Sprache und bedeutet so viel wie ›Voraussage‹ oder ›Prophezeiung‹.

Warum haben ihn die Etrusker so genannt? – Vielleicht ist seine Lage das Geheimnis seiner Bedeutung:

Von der römischen Seite aus betrachtet, ging über den drei Bergspitzen im Westen die Sonne unter. Die Abendsonne tauchte das Land der Römer in goldenes Licht, bevor sie schließlich blutrot hinter dem Gebirge versank. Die Römer stellten sich vor, dass die Sonne hinter diesem Gebirge, im unbekannten Land, jeden Tag starb. Die Etrusker betrachteten die Berge von der anderen Seite aus. 20 Kilometer weit von Rom entfernt, auf der westlichen Seite des Tiber, lag die etruskische Stadt Veji. Ihre Bewohner verehrten den Sonnengott. Jeden Morgen fand für sie über den Bergen das Wunder der Sonnengeburt statt.

Ein Hügel wurde nach dem römischen Gott Janus benannt. Er ist der Gott des Anfangs und des Endes zugleich. Zwei Gesichter kennzeichnen ihn. Eins blickt nach vorne, eins nach hinten. Denn jeder Anfang kennt auch das Zurückliegende. Das ist auch das Wesen des Janus-Hügels: Er kennt den Morgen und den Abend gleichermaßen. Der Monat Januar wurde ebenfalls nach diesem Gott benannt. Denn der erste Monat des Jahres blickt sowohl nach vorne, in das neue Jahr, wie auch zurück in das alte.

Den mittleren Hügel tauften die Bewohner dagegen *Mons Vaticanus*, ›Berg der Prophezeiung‹. Für die Menschen damals wiederholte sich auf diesem Berg Tag für Tag Sonnenaufgang und Sonnenuntergang. Auf dem *Mons Vaticanus* wurden für sie Geburt und Tod eins.«

Der Apostel Petrus und der Vatikan

»Nun seht mal dort hinüber! Links vor der Treppe, die hinaufführt zum Kircheneingang, dort steht eine Statue – wir werden gleich noch näher hingehen. Erkennt ihr denjenigen, den sie darstellt?« Don Antonio blickt die Geschwister an. »Das ist Petrus!«, antworten Pollino und Pollina wie aus einem Mund.

»Woran habt ihr den Apostel Petrus denn erkannt?«, fragt Don Antonio weiter. Pollina antwortet: »Am riesigen Schlüssel, den er in der Hand hält. Der Schlüssel ist doch ein Zeichen für den Apostel Petrus!«

»Richtig,« bestätigt Don Antonio. »Und die Basilika* von Sankt Peter – die Peterskirche – hier im Vatikan ist dem heiligen Petrus geweiht. Sie entstand, um das Andenken an ihn zu bewahren. Der Vatikan ist der Ort der Erinnerung an den Apostel Petrus. An diesem Ort von Geburt und Tod, Sonnenaufgang und Sonnenuntergang, ist der heilige Peter gestorben«, erklärt Don Antonio. »Damit hat sich tatsächlich die Prophezeiung im christlichen Sinn erfüllt. Der Apostel Petrus starb am Fuß des *Mons Vaticanus* am Kreuz und wurde an diesem Ort begraben. Hier steht seine Kirche – die Peterskirche. Von ihr aus wurde und wird der christliche Glaube durch die katholische Kirche in die Welt hinausgetragen.«

Christenverfolgungen in Rom

Am Fuße des Vatikan-Hügels lag zu Zeiten des antiken Roms der so genannte »ager vaticanus«, das vatikanische Feld. Dort befanden sich der Zirkus und die Gärten des Kaisers Nero.

Nero war ein besonders grausamer Kaiser. Am 19. Juli des Jahres 64 nach Christus brach in der Stadt ein Feuer aus, das sich rasend schnell zu einer Feuersbrunst entwickelte. Zwei Drittel Roms wurden zerstört. Bald tauchte im Volk das Gerücht auf, der größenwahnsinnige Kaiser Nero habe das Feuer legen lassen, damit er eigene, gigantische Paläste erbauen lassen konnte.

Nero unternahm alles Erdenkliche, um von diesem Verdacht abzulenken. Schließlich präsentierte er dem Volk einen Schuldigen: Er machte die Christen in Rom für die Feuerkatastrophe verantwortlich. Eine große Zahl von Christen wurde verhaftet und zum Tode verurteilt. Es begann ein schreckliches Morden: Die Gefangenen wurden von Bluthunden zu Tode gehetzt, ans Kreuz geschlagen oder als lebendige Fackeln an Pfähle geheftet - die Grausamkeit des Kaisers kannte keine Grenzen.

Mit Nero begannen die Verfolgungen von Christen im antiken Rom. Im Zuge der Verhaftungswelle von Christen unter Kaiser Nero wurden auch die Apostel Petrus und Paulus inhaftiert. Sie sollten nur wenige Jahre später, genauer im Jahr 67 n.Chr., hingerichtet werden und als Märtyrer* sterben.

Fast drei Jahrhunderte lang galt es im Römischen Reich als Verbrechen, Christ zu sein. Christen wurden eingesperrt, gefoltert und getötet. Die Römer betrachteten sie als Staatsfeinde. Denn die Christen verweigerten sich nicht nur den vielen römischen Gottheiten, sondern auch dem Bildnis des Kaisers, den sie nicht als Gott anerkannten. Sie brachten seinem Bildnis kein Opfer dar, wie dies Sitte war. Die Christen glaubten einzig an Jesus Christus, ihren Herrn, den auferstandenen Gottessohn.

Erst im 4. Jahrhundert n.Chr. fanden die Christenverfolgungen ein Ende. Kaiser Konstantin erließ im Jahre 313 eine Verordnung, die im Römischen Reich den christlichen Glauben duldete. Kaiser Theodosius I. machte das Christentum schließlich im Jahr 391 zur Staatsreligion des Römischen Reiches.

Rundgang Petersplatz

Der Petersplatz – Ort der Begegnung und Gemeinschaft

»Der Petersplatz ist ein wirklicher Treffpunkt und Begegnungsplatz. Er gibt uns Besuchern das Gefühl: Wir gehören zusammen – Wir sind eine Gemeinschaft!

Besonders deutlich ist das zu spüren, wenn die Papstaudienzen stattfinden oder der Papst zu hohen Festtagen auf dem Platz Messen vor hunderttausend Menschen feiert. Dann entsteht ein riesiger Tempel, in dem Himmel und Erde miteinander verbunden sind. Unten ist der Tempel aus Stein, oben hat er eine natürliche Kuppel, eine, die wir überall auf der Welt erleben: den Himmel. Gott hält seine schützenden Hände über uns«, führt Don Antonio ein.

»Lasst uns nun diesen großartigen Platz vor dem Petersdom genauer betrachten!«, schlägt Don Antonio vor: »Nachdem der herrliche Kirchenbau bereits abgeschlossen war, fehlte der Kirche ein würdiger Vorplatz, von dem aus sie den Besuchern all ihre Pracht zeigen konnte. Papst Alexander VII. übertrug deshalb dem großen Architekten Gian Lorenzo Bernini die ehrenvolle Aufgabe, die

Gedenkstätte des Petrus zu vollenden. Er sollte den Platz vor der Kirche gestalten. In elf Jahren, von 1656 bis 1667, führte der Architekt Bernini, der auch ein großartiger Bildhauer war und bei der Ausschmückung von Sankt Peter mitwirkte, seinen Auftrag meisterhaft aus.«

Die Form des Platzes

Der Monsignore führt weiter aus: »Wenn man den Platz aus der Vogelperspektive betrachtet, dann sieht man, dass Bernini die Kirche mit zwei Vorplätzen versehen hat, die ineinander fließen. Mit einer riesigen Ellipse und – zum Kirchenbau hin anschließend – einem Trapez. Ihr kennt diese geometrischen Figuren sicherlich aus dem Mathematikunterricht: Die Ellipse ist ein Oval, das Trapez ein Viereck mit zwei zueinander parallelen Seiten. Das Trapez dieses Platzes stellt eine besondere Trapezform dar. Es ist ein so genanntes *gleichschenkliges* Trapez, ein Trapez, dessen Schenkel den gleichen Innenwinkel besitzen.

Der elliptische Platz ist 240 Meter breit. Er wölbt sich nach innen, so dass er zum Rand hin ansteigt. Im Zentrum des Platzes steht ein Obelisk. Zu dessen Seiten befinden sich zwei herrliche Brunnen. Zwei imposante halbkreisförmige Säulengänge fassen das Oval des Platzes ein. Sie bestehen aus Vierer-Reihen von insgesamt 284

Säulen und 88 Pfeilern aus Travertin, einem Kalkgestein, das im Osten Roms gewonnen wird. Zur Kirche hin ändert der Platz seine Form und wird zum Trapez, das nach vorne schmäler wird.«

Die Kolonnaden – Symbol für die Gemeinschaft der Christen

»Der in Neapel geborene Architekt Bernini schuf mit der Phantasie eines Südländers diese beiden 17 Meter breiten herrlichen Kolonnaden, die Säulengänge«, führt Don Antonio aus. »Das Wort ›Kolonnade‹ kommt aus dem Lateinischen: ›columna‹ heißt zu Deutsch ›Säule‹. Seht euch die Form dieser Säulengänge an! Sie umarmen den Platz. Genau darin bestand die Idee des Bernini: Die Kolonnade symbolisiert die Umarmung der Menschen, die die Kirche des Petrus besuchen. Wie eine Mutter beschützt diese Kirche des Petrus die Gläubigen. Der Platz umklammert dabei in keiner Weise: Er ist von rechts, von links, von vorne – ja von allen Seiten für die Menschen zugänglich.«

Don Antonio geht ein Stück in Richtung Obelisk und bleibt stehen: »Kommt doch mal!«, ruft er die Kinder zu sich: »Hier in den Boden, zwischen dem Obelisk und dem Brunnen, ist eine runde Granit-Scheibe mit weißem Marmorring eingelassen.« Gemeinsam betrachten sie die Inschrift: *Centro del Colonnato*. »Wenn ihr euch darauf stellt und von dort den Säulengang betrachtet, werdet ihr erstaunt feststellen: Von diesem Punkt aus ist nur die erste Säulenreihe zu sehen. Die dahinter liegenden drei Reihen verstecken sich perfekt hinter der ersten.« »Logisch, dass es für die gegenüberliegende Kolonnade ebenfalls einen solchen Punkt geben muss!«, folgert Pollino fachkundig. Dieser befindet sich in gerader Linie auf der anderen Seite des Obelisken.

»Und jetzt schaut einmal hinauf! Oben auf den Kolonnaden und den anschließenden Mauern, die zur Peterskirche hinführen, stehen links und rechts jeweils 70 Statuen. Das sind heilige Frauen und Männer – Christen, die bereits den Himmel erreicht haben. Diese Heiligen dort oben nennen wir die *Triumphierende Kirche*. Auch sie stehen da, um uns Gläubige zu empfangen und zu zeigen: Wir Christen bilden hier auf dieser Erde und im Himmel eine Gemeinschaft!«

Auf der nördlichen Kolonnade befindet sich ganz links ein großes Papstwappen. Die Figur direkt rechts neben dem Wappen stellt die heilige Agnes dar. Agnes lebte der Legende nach im 3. Jahrhundert in Rom, zur Zeit der Christenverfolgung. Sie war die junge Tochter reicher, christlicher Eltern und berühmt wegen ihrer außergewöhnlichen

Schönheit. Es heißt, dass viele Männer um ihre Hand anhielten. Auch der Sohn des Stadtpräfekten warb um sie. Agnes aber lehnte dessen Antrag ab und legte ihm dar, dass sie bereits vergeben sei. Rasend vor Eifersucht wollte der junge Mann den Namen seines Konkurrenten erfahren. Da geriet Agnes in Verzückung und erzählte von Jesus Christus. Agnes wurde als Christin der Prozess gemacht und schuldig gesprochen. Die Strafen waren schrecklich, doch selbst das Feuer eines Scheiterhaufens konnte ihr nichts anhaben. Ein römischer Soldat hieb ihr schließlich mit dem Schwert den Kopf ab.

Entdeckt ihr auf der südlichen Mauer die zweite Statue, von der Kirche aus gesehen? Sie zeigt den heiligen Markus, den Evangelisten*. Markus ist der Schutzpatron der Stadt Venedig.

Die Brunnen auf dem Petersplatz

»Angenehm frisch ist es hier, nicht wahr?«, bemerkt Don Antonio. Das klare Waser sprudelt aus dem prächtigen Springbrunnen. Glitzernd gleitet es an den beiden oberen Becken herab und sammelt sich im untersten.

»Dieser Brunnen hier ist eigentlich der jüngere«, beginnt der Monsignore zu erklären. »Der Brunnen auf der gegenüberliegenden Seite, also auf der rechten, wenn man zur Basilika blickt, stand zuerst auf dem Petersplatz. Geschaffen wurde er im Jahr 1490. Im Jahr 1614 gab ihm der Bildhauer Carlo Maderno dann sein heutiges Aussehen. Der Brunnen hier vor uns wurde erst später hinzugefügt. Gian Lorenzo Bernini hatte die Idee dazu.

Als er den Petersplatz völlig neu entwarf, beauftragte er den Architekten Carlo Fontana, einen zweiten Brunnen auszuführen. Der sollte dem anderen unbedingt ähnlich sehen, damit die symmetrische Wirkung des Platzes unterstrichen wird. Aufgestellt wurde der Brunnen im Jahr 1675.

Wie schön er verziert ist! Seht ihr die spielenden Delfine? Das oberste und kleinste Becken des Brunnens besteht aus einem einzigen Block Granit. Das mittlere Becken, das aussieht wie eine Schale, misst 16 Meter im Umfang, das achteckige und unterste sogar 30 Meter! Damit erklärt sich, warum der Bildhauer ganze fünf Jahre an diesem Kunstwerk gearbeitet hat.«

Brunnen zum »Hören«...

»Die Brunnen sind herrlich anzusehen«, fährt Don Antonio fort. »Trotz ihrer eindrucksvollen Größe wirken sie leicht und verspielt. Blickt euch nur um: Dahinten die riesige Kirche, hier der weite Platz. Das erscheint so mächtig. Da bekommen die Brunnen eine wichtige Aufgabe im Zusammenspiel: Sie geben dem Ganzen eine frische Note. Von ihnen geht so viel Heiterkeit aus. Sie sind ein Genuss für Augen und Ohren! – Hört dem Brunnen doch mal zu!«

Pollino und Pollina blicken sich verdutzt an. Sprachen aus aller Herren Länder sind zu hören, von zahlreichen Besuchern, die diese prachtvolle Kulisse auf ihren Digitalkameras speichern. »Ihr müsst euch auf das Wasser konzentrieren, schließt die Augen und lasst euch nicht ablenken!«, fordert der Monsignore sie auf.

Tatsächlich: Das Wasser platscht erst wuchtig, dann wieder plätschert es leise, es tropft und sprüht gleichzeitig. »Ich komme so gerne hierher«, sagt der Geistliche. »Das Wasser – die Natur – macht Musik. Es ist die Musik Gottes, die uns hier auf dem Platz empfängt und eine wunderbare Einstimmung für diesen Ort bildet, wo sich so viele Menschen versammeln, um des Apostels Petrus zu gedenken. Die Brunnen laden ein, ruhig und entspannt zu verweilen, selbst wenn es auf dem Platz hektisch und laut zugeht.«

Nach einer Weile fügt der Monsignore hinzu: »Dass die Besucher mit göttlicher Musik empfangen werden, ist Papst Paul V. zu verdanken. Er war Papst von 1605–1621 und stammte aus der Adelsfamilie Borghese. Paul V. ließ antike Wasserleitungen, so genannte Aquädukte, wieder in Stand setzen. Das Wasser der beiden Brunnen auf dem Petersplatz legt einen langen Weg zurück durch diese Wasserleitung aus der Antike. Vom Bracciano-See, im Norden

Roms gelegen, reist es bis zum Janus-Hügel, den *Gianicolo*. Wie ehemals zu Ehren siegreicher Feldherren und Legionäre ließ Papst Paul V. auf dem *Gianicolo* für das Wasser einen eigenen Triumphbogen bauen: Den *Acqua-Paola-Brunnen*. Er ist einer der größten Brunnen Roms und eben nach Papst Paul V. benannt: *Acqua Paola*. Oben vom Janus-Hügel, das ist gar nicht weit von hier, fließt das Wasser schnell, schnell herab, hierher zum Petersplatz, um die Pilger willkommen zu heißen. Es ist beinahe so, als freue sich das Wasser beim Anblick der Stadt Rom, dass es nach der langen Reise endlich an seinem Ziel angekommen ist – wie früher die Legionäre, die nach den überstandenen Kämpfen in die Hauptstadt Rom zurückkehren durften.«

Der Obelisk

Die Geschwister sehen sich weiter voll Staunen auf dem Petersplatz um. Von den Brunnen aus haben sie eine wunderbare Sicht auf den gewaltigen Obelisken! »Weißt du eigentlich, wie hoch der Obelisk ist?«, fragt Pollino seine Schwester und gibt sogleich die Antwort: »Genau 25,31 Meter, dazu kommt der Sockel, er misst 8,25 Meter, und das Ganze wiegt etwa 330 Tonnen! Der Obelisk im Vatikan ist der zweitgrößte Roms. Größer ist nur noch der Obelisk bei der Lateranbasilika.«

Pollina gefallen besonders die vier kunstvoll gearbeiteten bronzenen Löwen, auf deren Rücken der Obelisk zu stehen scheint: »Schau mal, wie die ganz entspannt und seelenruhig in die Gegend blicken! Aber wie kommt denn dieser riesige Obelisk auf den Petersplatz, und überhaupt, was ist ein Obelisk und was bedeutet dieses Wort?«

Don Antonio weiß eine Antwort: »Das Wort ›Obelisk‹ stammt aus dem Griechischen und meint so viel wie ›spitze Säule‹ oder ›Spieß‹ , womit auch ein Bratspieß gemeint sein kann«, erklärt er den Kindern mit einem Augenzwinkern. »Nun, im Ernst, die Ägypter sahen in einem Obelisken zu Stein gewordene Strahlen des Sonnengottes. Der Obelisk stellte damit für sie eine Verbindung zwischen der irdischen Welt und der Götterwelt her.«

Zu Ehren der Sonne

»Dieser Obelisk besteht aus herrlich rotem Granitstein. Die antiken Römer hatten eine große Vorliebe für solch schöne ägyptische Obelisken. Sehr viele davon haben sie in ihre Stadt gebracht. Doch dieser Obelisk hier unterscheidet sich von den anderen: Wie ihr seht, befinden sich auf diesem Obelisken keine Hieroglyphen, so nennt man die alt-ägyptischen Schriftzeichen. Alle anderen der vielen Obelisken in der Stadt aber besitzen Hieroglyphen-

Inschriften. Weil sie an diesem Obelisken fehlen, ist es bis heute schwierig, endgültig zu klären, woher dieser Obelisk ursprünglich stammt und von welchem ägyptischen Herrscher er in Auftrag gegeben wurde.«

»Don Antonio, gibt es denn nicht einen kleinen Hinweis auf seine Herkunft?«, fragt Pollino nach.

»Doch!«, verrät dieser. »Der römische Schriftsteller Plinius der Ältere – er lebte von 23 bis 79 n. Chr. – erwähnt in einem seiner berühmten Werke einen Obelisken ohne Inschriften. Er berichtet, dass der besagte Obelisk für einen ägyptischen Herrscher namens Nektanebos II. geschaffen worden sei und einst in der alt-ägyptischen Stadt Heliopolis gestanden habe.

Forscher haben nun herausgefunden, dass der Obelisk tatsächlich aus Heliopolis stammen könnte, aber doch viel älter sein muss: Wohl hat ihn der ägyptische Pharao Amenemhet II. zu Ehren der Sonne errichten lassen. Das geschah etwa 1900 Jahre vor Christi Geburt. Der Obelisk soll der Dank Amenemhets an den Sonnengott gewesen sein. Der Pharao hatte durch ihn, so glaubte er fest, sein verlorenes Augenlicht wieder erhalten.

Der Obelisk reist nach Rom

Pollino ist neugierig, wie im Altertum ein solcher Transport ohne großartige technische Hilfsmittel bewerkstelligt werden konnte. Don Antonio erläutert es:

»Im Jahr 37 nach Christus – Ägypten war damals eine römische Provinz – forderte Kaiser Caligula seinen Präfekten in Ägypten auf, den Obelisken nach Rom zu bringen. Der Transport nach Rom sollte ein schwieriges Unterfangen werden: Der Obelisk bestand aus einem einzigen Block; er war über 25 Meter lang und tonnenschwer. Was tun, damit er während der Reise nicht zerbrach? Der Kaiser ließ für diese heikle Aufgabe das wahrscheinlich größte Schiff der Antike bauen. Obendrein füllte er das Schiff mit Linsen, auf die der Obelisk gebettet wurde.

Sicher erreichte der Obelisk den römischen Hafen in Ostia. Das Schiff wurde später nie wieder verwendet und im Hafen von Ostia als Museumsstück ausgestellt. Als dann Risse in seinem Rumpf entdeckt wurden, wurden sie zunächst ausgebessert. Schließlich aber wurde das Schiff an Ort und Stelle versenkt. Genau dort errichteten die

Römer dann einen Leuchtturm. Der war so schön, dass man dem Glockenturm der Kirche *Sankt Paul vor den Mauern*, der Grabeskirche des heiligen Paulus, das Aussehen nach diesem Leuchtturm gab.«

Welche Bedeutung hat der Obelisk für uns Christen?

»Für die katholische Kirche besitzt der Obelisk aufgrund seiner Geschichte eine ganz besondere Bedeutung«, fährt der Monsignore fort.

»Als das neue Schmuckstück endlich heil in Rom angekommen war, postierte man den Obelisken in der Mitte des Zirkus des Caligula, der gleich hier drüben, nahe dem heutigen Kirchenbau lag. Aus dem Zirkus des Caligula wurde später der Zirkus des Nero.«

»Zirkus?«, überlegt Pollina. »In einem römischen Zirkus wurden doch ›Spiele‹ veranstaltet, oder?« Don Antonio erklärt daraufhin: ›Brot und Spiele‹ – so lautete das Motto der römischen Kaiser. Auf diese Weise sollten die Einwohner Roms zufrieden gestellt werden. Die Römer, ob Kaiser oder das Volk, liebten Spiele aller Art. Das Wort ›Spiele‹ ist in diesem Zusammenhang allerdings eine grobe Verniedlichung. Damit waren zumeist blutige, oft tödliche Auseinandersetzungen der Beteiligten gemeint, die vor einem riesigen Publikum aufeinander trafen: Sklaven mussten mit bloßen Händen gegen wilde Tiere kämpfen; Gladiatoren, ausgerüstet mit Dolch, Schwert, Netz und Dreizack, gegeneinander.«

Der Zirkus des Kaisers Nero war ursprünglich der Zirkus des Kaisers Caligula. Der Zirkus lag etwas südlich der heutigen Peterskirche. Dieser Zirkus war ein lang gestrecktes, ovales Stadion, in dem Pferde- und Wagenrennen stattfanden. Das größte Stadion Roms für solche Rennen war der *Circus Maximus*, flussabwärts, auf der linken Seite des Tiber, gelegen. Der *Circus Maximus*, dessen Ruinen man heute noch besichtigen kann, fasste 350.000 Zuschauer. Ein solch großes Stadion hat es seither nirgendwo mehr gegeben. Der berühmteste Zirkus Roms war das Kolosseum im Herzen der Stadt.

»Der Obelisk ist ein besonderes Dokument für uns Katholiken. Wir wissen, dass der heilige Petrus ganz in der Nähe des Zirkus gekreuzigt wurde. Er starb für seinen Glauben. Als ihn der Henker fragte, ob er einen letzten Wunsch habe, antwortete er, dass er mit dem Kopf nach unten gekreuzigt werden möchte, denn er sei nicht würdig zu sterben wie sein Herr, Jesus Christus. Als Petrus am Kreuz dem Tod entgegensah, blickte er mit Sicherheit auf diesen Obelisken, der in der Mitte des Zirkus in die Höhe ragte. Dieser Obelisk ist damit ein Zeuge des Martyriums des heiligen Petrus und der ersten Christen, die hier, nahe der Arena des Nero, zu Tode kamen.

Petrus wurde neben dem Zirkus auch begraben. Nachdem der Zirkus später zerstört worden war, entstand auf dem Grab des heiligen Petrus die erste Peterskirche. Diese ließ Kaiser Konstantin im 4. Jahrhundert nach Christus erbauen. Nur der Obelisk blieb auf seinem angestammten Platz. Das änderte erst Papst Sixtus V. Im Jahr 1586 beauftragte er den Architekten Domenico Fontana, den Obelisken in die Mitte des Petersplatzes zu stellen. Dort steht er noch heute – dabei wisst ihr ja, dass der Petersplatz zu jener Zeit noch nicht sein endgültiges Aussehen hatte.«

Der Obelisk erhält seinen endgültigen Standort

»Vom ehemaligen Stadion des Nero zur Mitte des Petersplatzes waren es zwar nur einige hundert Meter, die der Obelisk zu überwinden hatte. Die Herausforderung für den Architekten aber war es, den Obelisken unversehrt und ohne ihn in Blöcke zu schneiden, an seinen neuen Bestimmungsort zu bringen. Allein die Vorbereitungen dauerten sieben Monate. Häuser, die dem Transport im Weg standen, wurden abgerissen, und die Stelle, wo der schwere Koloss stehen sollte, musste aufwändig befestigt werden, damit er ein tragendes Fundament erhielt.

Vom 30. April bis 10. September des Jahres 1586 dauerte das Unternehmen. 907 erfahrene Arbeiter waren mit dieser Aufgabe betraut, die höchste Präzision erforderte. Sie benötigten die Hilfe von 140 Pferden und 44 Seilwinden. Als der Obelisk endlich und erfolgreich zur Mitte des Platzes gebracht worden war, sollte er, so verfügte es Papst Sixtus V., während eines Gottesdienstes in absoluter Stille aufgerichtet werden.«

Einem braven Arbeiter ist es zu verdanken, dass der Obelisk beim Aufrichten heil geblieben ist. Denn der Druck war so gewaltig, dass die Halteseile zu reißen drohten: »Wasser auf die Seile!«, schrie der Mann laut und unüberhörbar. Der Papst wertete das beherzte Verhalten ganz und gar nicht als Ungehorsam, sondern er bedankte sich bei dem Arbeiter. Er verlieh ihm das Recht, am Palmsonntag, so lange er lebte, direkt auf dem Petersplatz Palmzweige verkaufen zu dürfen – eine große Ehre und zudem ein einträgliches Geschäft.

»Als der Obelisk noch auf seinem ursprünglichen Platz stand, war auf seiner Spitze eine bronzene Kugel angebracht«, erläutert der Monsignore weiter. »Angeblich enthielt sie die Asche des berühmten römischen Feldherrn Julius Cäsar. Anstelle der Kugel auf der Spitze thront dort jetzt ein Kreuz. Der Obelisk steht nun nicht mehr zu Ehren eines ägyptischen Sonnengottes. Die wahre Sonne ist unser Herr Jesus Christus. Der Obelisk verkündet seinen Sieg – lest selbst, was auf dem Sockel steht! ›*Christus vincit, Christus regnat, Christus imperat, Christus ab omni malo plebem suam defendat*‹ – *Christus siegt, Christus regiert als König, Christus ist der Herrscher, Christus möge sein Volk vor allem Bösen schützen.«*

Die Petrusstatue auf dem Petersplatz

Die Geschwister und ihr Begleiter stehen nun am Fuß der ausladenden Treppe. »Vor uns befindet sich die Statue des heiligen Petrus, die wir vorhin schon von weitem gesehen haben. Auf der gegenüberliegenden Seite der Treppe seht ihr die Statue des heiligen Paulus. Petrus und Paulus sind die Apostelfürsten«, erklärt der Monsignore. »Apostelfürsten?«, unterbricht Pollino, »was bedeutet das?«

Was sind Apostelfürsten?

Der Monsignore erklärt Pollino den Ausdruck: »Damit ist gemeint, dass Petrus und Paulus ganz besondere Apostel waren. Sie verbreiteten die Botschaft von Jesus und gründeten christliche Gemeinden, zum Beispiel auch hier in Rom. Aus diesem Grund haben die Bewohner Roms Petrus und Paulus als Schutzpatrone ihrer Stadt auserkoren. Deren Namensfest feiern sie am 29. Juni.

Paulus starb etwa zur selben Zeit in Rom wie Petrus. Wie Petrus erlitt auch er unter Kaiser Nero das Martyrium.

Im Zusammenhang mit dem Brand Roms wurden Petrus und Paulus eingesperrt; die Legende besagt, dass sie zusammen eingekerkert waren. Paulus wurde wie Petrus im Jahre 67 nach Christus zum Tode verurteilt. Anschließend wurde er außerhalb der Stadtmauern enthauptet. Die Legende berichtet weiter, dass auf der Stelle, auf der sein rollendes Haupt zu Boden fiel, drei Quellen entsprungen seien. Begraben wurde Paulus an der Straße nach Ostia, nicht unweit des Tiber im Südwesten Roms. Auf Paulus' Grabesstätte errichtete man später eine Basilika zu Ehren dieses Apostels: *Sankt Paul vor den Mauern*.«

Pollino sieht Don Antonio noch immer fragend an: »Was möchtest du wissen, Pollino – nur raus damit! Ich bin hier, um eure Fragen zu beantworten.« Pollino lässt sich nicht zweimal bitten: »Was genau ist denn ein Apostel? Ich dachte immer Apostel waren die Jünger Jesu.«

»Das ist richtig. Jesus hatte aber viele Jünger, die ihm folgten. Nur zwölf Jünger wählte Jesus als Apostel aus.

›Apostel‹ heißt ›Gesandter‹. Apostel waren Gesandte Jesu. Sie sollten der Welt von seinen Taten und seiner Botschaft berichten.«

Don Antonio fährt fort: »Dort oben auf der Kirchenfassade stehen die Statuen der Apostel mit unserem Herrn Jesus in der Mitte. Beginnen wir links, von uns aus gesehen. Ganz am Rand befindet sich der Apostel Thaddäus. Es folgen: Matthäus, Philippus, Thomas, Jakobus der Ältere, Johannes der Täufer – Jesus. Er trägt das Kreuz. Rechts neben Jesus stehen Andreas, Johannes, Jakobus der Jüngere, Bartholomäus, Simon und schließlich, rechts außen neben der kunstvoll gearbeiteten Uhr, Matthias. Diese Statuen sind alle fast sechs Meter hoch. Jesus ist die größte von ihnen. Sie misst 7,50 Meter!

Ist euch bei diesen Begleitern Jesu eigentlich etwas aufgefallen?«, richtet sich Don Antonio an die Kinder. »Nein, ehrlich gesagt nicht!« Pollino und Pollina blicken den Geistlichen fragend an. Don Antonio erklärt: »Zu den Aposteln hat sich Johannes der Täufer gesellt. Dagegen fehlen offensichtlich Petrus und Paulus. Ein Grund könnte sein, dass Jesus erst nach seiner Auferstehung Paulus zum Apostel berief. Doch es verhält sich anders: Die beiden Statuen der Apostelfürsten Petrus und Paulus stehen direkt vor der Kirchentreppe, um die Gläubigen willkommen zu heißen.«

Die Fassade der Peterskirche

»Von hier aus präsentiert sich die Kirchenfassade dem Besucher in all ihrer Pracht«, beginnt Don Antonio: »Unter dem Fenster in der Mitte, seht ihr dort das Marmorrelief? Darauf ist die für uns Katholiken wichtige Szene bildlich dargestellt: Jesus übergibt die Schlüssel der Himmelspforte an Petrus. Petrus wird damit zum Führer der Apostel und Vorsteher der christlichen Gemeinde. Was damit gemeint ist, werden wir im Kircheninnern dann noch ausführlicher besprechen!«

Der Segen »Urbi et Orbi«

»Das Fenster darüber bildet einen besonderen Rahmen. Ihr habt die Zeremonie sicher schon einmal im Fernsehen verfolgt. Von dem kleinen Balkon aus, dieser Loggia, erteilt der Papst zu Ostern und Weihnachten seinen Segen *Urbi et Orbi* – dieser Segen gilt, so sagt es der Name, der Stadt Rom und dem ganzen Erdkreis. Deswegen wird das Fenster auch die *Benediktionsloggia* genannt: *Loggia des Segens*. Auf dieser Loggia spielt sich noch ein weiteres großes Ereignis ab: Von hier wird kurz nach einer Papstwahl der Name des neuen Papstes bekannt gegeben. Dieser erteilt von der Loggia aus dann sogleich den ersten Segen.«

Warum hat die Fassade eine so eigene Form?

Pollina betrachtet die Fassade aufmerksam: »Normalerweise verrät eine Kirchenfassade doch, wie das ganze Kirchengebäude gegliedert ist. In der Mitte, am Hauptschiff, da geht es hoch nach oben, und an den niedrigeren Seitenschiffen fällt dann die Fassade seitlich ab. Hier bei dieser Fassade ist das aber ganz anders!«

»Eine interessante Beobachtung, Pollina«, erwidert Don Antonio und erläutert: »Hier handelt es sich um eine besondere Fassade, denn vor dem eigentlichen Kirchengebäude liegt eine breite und wuchtige Vorhalle. Außen, zu beiden Seiten der Vorhalle, befinden sich Glockentürme, die sich – auch das ist sehr eigen – überhaupt nicht aus dem Ganzen herausheben.

Mit Säulen, Pfeilern und Fenstern ist die Fassade wunderbar gegliedert und geschmückt! In der Mitte seht ihr einen Dreiecksgiebel wie bei einem antiken Tempel. Darin ist das Wappen Papst Pauls V. angebracht. Auf seinem Wappen sind ein Greif und ein Drache abgebildet. Paul V. machte nicht nur antike Wasserleitungen wieder funktionstüchtig. Die große Inschrift auf Lateinisch unterhalb des Dreiecksgiebels besagt, dass der römische Bürger Paul V., der Pontifex Maximus, diese Vorhalle zu Ehren des Apostelfürsten im Jahr 1612 errichten ließ.«

Warum sind Papstwappen unterschiedlich?

Pollinos Augen fixieren noch immer das große Papstwappen innerhalb des Dreiecksgiebels: »Jetzt habe ich schon mehrere Papstwappen gesehen, doch sie sind nicht immer gleich,« stellt er verwundert fest. »Das hier zeigt in der Mitte einen Greif und einen Drachen, aber das Wappen des jetzigen Papstes, Benedikt XVI., besitzt doch ganz andere Zeichen, nicht wahr?«

Don Antonio beantwortet Pollinos Frage umgehend: »Ja, stimmt: Zwar ist der Aufbau des päpstlichen Wappens festgelegt, jedoch kann jeder Papst auf dem Wappenschild seine eigenen Symbole wählen. Das können zum Beispiel Elemente des Familienwappens sein oder auch Zeichen, die Bezüge zum Leben des Papstes aufweisen oder seine Erfahrungen und Ideale widerspiegeln.«

Das päpstliche Wappen

Der Aufbau des päpstlichen Wappens ist im Prinzip vorgegeben. Oben ist die Tiara zu sehen. Mit dieser prunk- und wertvollen Kopfbedeckung wurden früher Päpste gekrönt. Sie trugen diese Krone nur zu feierlichen Anlässen außerhalb des Gottesdienstes.

Papst Paul VI. ließ sich als letzter Papst mit einer Tiara krönen. Das war im Jahr 1963. Ein Jahr später verschenkte er sie zugunsten armer Menschen. Anstelle der Tiara im päpstlichen Wappen wählte Papst Benedikt XVI. als erster Papst die Mitra für sein Wappen: eine Bischofsmütze und einfachere Kopfbedeckung. Die Mitra ist mit drei goldenen Bändern besetzt - auf der Tiara waren dies drei kostbarste Reifen. Bänder wie Reifen weisen auf die drei Hauptaufgaben des Papstes hin: Er ist Priester, Hirte und Lehrer.

Unter der Mitra bzw. Tiara zeigt ein päpstliches Wappen zwei gekreuzte Schlüssel: einen goldenen und einen silbernen. Sie werden von einem Band zusammengehalten. Die Schlüssel erinnern an Petrus. Jesus hatte ihm die Schlüssel des Himmelreiches übertragen.

Das von Benedikt XVI. gewählte Wappen enthält drei Symbole auf dem Schild: Zu sehen ist ein Mohrenkopf mit roten Lippen, roter Krone und rotem Kragen. Das ist der Freisinger Mohr, das Zeichen des Erzbistums München und Freising. Dieses Erzbistum wurde vom heiligen Korbinian in Freising im Jahr 739 gegründet. In diesem Erzbistum war Joseph Ratzinger - so heißt Papst Benedikt XVI. mit bürgerlichem Namen - Erzbischof. Neben dem Mohr ist ein Bär abgebildet mit einer Tasche auf seinem Rücken. Der Bär erinnert wiederum an den heiligen Korbinian. Einer Legende zufolge wurde Korbinian auf einer Pilgerreise nach Rom von einem Bären angegriffen. Korbinian zähmte das Tier, und der Bär diente ihm auf seinem Weg als Lastenträger. Korbinian ließ den Bären schließlich in Rom frei.

Ergänzt wird das Wappen durch eine Jakobsmuschel. Die Muschel spielt auf den Lieblingstheologen des Papstes an: Augustinus

(354-430 n.Chr.), den großen Kirchenlehrer. Die Jakobsmuschel ist gleichzeitig ein Sinnbild für den Pilger.

Das Wappen Benedikts besitzt eine weitere Besonderheit: Unter dem Schild ist ein *Pallium* zu sehen. Das ist ein weißes Wollband aus der Wolle von Lämmern. Aufgestickt sind rote Kreuze. *Pallien* werden gesegnet und anschließend am Grab des Petrus aufbewahrt. Das *Pallium* verleiht der Papst an Erzbischöfe. Mit dem *Pallium* auf dem Wappen verdeutlicht Papst Benedikt XVI., dass er sich wie ein treu sorgender Hirte um die ihm anvertrauten Menschen kümmern will.

Hinauf zum Petersdom

»Nun wollen wir die Kirche des heiligen Petrus besichtigen! Ich möchte euch ihre wichtigen und einzigartigen Denkmäler zeigen und versuchen, euch mit der Bedeutung dieser Kirche für unseren Glauben vertraut zu machen.

Den ersten Schritt für die Besichtigung haben wir schon getan: Wir sind dezent gekleidet. Ihr wisst ja: Kurze Hosen bei Jungs und Männern oder schulterfreie Shirts bei Mädchen und Frauen gehören nicht zur angemessenen Kleidung von Kirchenbesuchern.

So, damit steht unserem Kirchenrundgang nichts mehr im Wege! Zumindest fast nichts mehr!« Don Antonio deutet auf die Menschenschlange, die inzwischen entlang der rechten Kolonnade weiter angewachsen ist. Die Schlange entsteht täglich, denn vor dem Eintritt in den Petersdom erwarten Sicherheitskontrollen die Besucher: Sie müssen Tore mit Metalldetektoren passieren, während Polizisten diesen Vorgang überwachen.

Don Antonio, Pollino und Pollina reihen sich am Ende der Schlange ein. Wider Erwarten geht es zügig vorwärts. Schnell lassen sie die Kontrollen hinter sich. Am Ende des Säulenganges bleiben sie kurz stehen. Dort führt eine Treppe hinauf zum so genannten »Bronzetor«, dem Haupteingang zum Apostolischen Palast. Oben, vor einem herrlichen Korridor, sind Wachen der Schweizergarde postiert.

Es geht weiter. Pollino bemerkt, wie sich der Platz verändert. Er hat die Form eines Trapezes angenommen. Stetig geht es nun bergan. Vor den breiten Treppenstufen, bei der hohen Paulusstatue machen sie Halt.

»Von hier sieht man auch sehr schön, wie das Gelände früher einmal ausgesehen hat«, legt Don Antonio dar. «Und wie schwierig es war, hier eine Kirche zu bauen. Die Peterskirche entstand an den Flanken eines Hügels. Zudem ist das Gestein in dieser Gegend sehr weich. Selbst heute würde es wohl kaum ein Architekt wagen, unter solchen Bedingungen die größte Kirche der Welt zu bauen – wenn es da nicht einen schlagenden Grund dafür gäbe. Weshalb es gerade dieser Platz sein musste, das könnt ihr euch nun bereits denken: Weil sich hier das Grab des Apostels

Petrus befindet. Das Grab des Apostels ist das Zentrum der Peterskirche.«

Die Peterskirche früher und heute

Kaiser Konstantin ließ die erste Peterskirche erbauen. Sie entstand über dem Grab des Petrus. Die Errichtung dieser Kirche war mit erheblichen Schwierigkeiten verbunden, denn das Grab des Petrus befand sich innerhalb eines Gebietes einer so genannten römischen Nekropole, einer Totenstadt. Hier begruben die Römer ihre Toten in hausähnlichen Grabmälern und Mausoleen, die oft prunkvoll mit Freskenbildern ausgeschmückt waren. Die römischen Familie pflegten diese Gräber ihrer Vorfahren mit größter Ehrfurcht. Auf diesem Gelände waren zu Zeiten Konstantins bereits auch erste christliche Gräber vorhanden.

Diese römische Stätte des Totenkultes ließ Kaiser Konstantin einebnen. Dazu berechtigt war er nur als Kaiser, der gleichzeitig das Amt des *Pontifex Maximus*, des *höchsten Brückenbauers* zur überirdischen Welt, innehatte. Kaiser Konstantin schlug dem damaligen Papst Silvester I. vor, über der Gedächtnisstätte des Apostels Petrus eine Kirche zu Ehren dieses Heiligen zu bauen.

Um einen ebenen Bauplatz zu erhalten, wurden Teile des Hügels abgetragen. Das römische Gräberfeld wurde mit Erde aufgefüllt und massive Stützmauern wurden eingezogen. Es entstand eine große Terrasse, auf der die Kirche errichtet werden konnte. Die Plattform war 290 Meter lang und 90 Meter breit. Die Kirche, die Kaiser Konstantin bauen ließ, hatte bereits große Ausmaße.

Wann die Arbeiten für die Kirche begannen, weiß man nicht genau. Es war wohl um das Jahr 319. Bereits im Jahr 326 wurde die Kirche von Papst Silvester I. geweiht und vollendet dürfte sie im Jahr 337 gewesen sein. Der Bau bestand aus einer Basilika* mit einem großen Vorhof. Im Inneren wurde die Kirche im Laufe der Jahrhunderte immer kunstvoller gestaltet: Prächtige Fresken*, Mosaiken* und Bildhauerarbeiten schmückten sie. Der Bau sollte fast 1200 Jahre überdauern. Dann aber war der Verfall nicht mehr aufzuhalten.

Am 18. April 1506 legte Papst Julius II. den Grundstein für die neue Peterskirche. Die Konstantinsbasilika, die man auch *Alt-Sankt-Peter* nennt, wurde dabei komplett ersetzt. Die Arbeiten zogen sich weit über 100 Jahre hin. Die Kirchenfassade und der Vorbau wurden erst 1614 fertig gestellt, im Jahr 1626 wurde dann die Kirche geweiht. Die berühmtesten Architekten wirkten an ihrer Entstehung mit, darunter sind etwa Donato Bramante, Michelangelo, Raffael und Carlo Maderno. Bis in unsere heutige Zeit wird die Ausschmückung der Kirche vorangetrieben. Über 300 Künstler haben sich daran beteiligt.

Die Peterskirche ist die größte und wohl prächtigste Kirche der Welt. Sie ist 186,36 Meter lang, das Querschiff misst 138 Meter in der Länge. Die Kirche birgt neben dem Petrusgrab eine Vielzahl von wundervoll ausgeschmückten Grabmälern und einzigartigen Kunstwerken.

Rundgang Peterskirche

In der Vorhalle des Petersdoms

Pollino und Pollina betreten mit ihrem Begleiter nun die Vorhalle der Kirche. Sie befinden sich in einem lang gezogenen, hohen und luftigen Raum. Der Boden ist mit verschiedenfarbigem Marmor herrlich ausgelegt.

»Schau doch mal nach oben!«, flüstert Pollina ihrem Bruder zu. »Wie schön die Decke ist!«

Kostbarste Stuckarbeiten überziehen die gewölbte Decke. 32 kleinere Marmorreliefs erzählen Episoden der Geschichte Petri. Von rechts nach links, an der Innenseite beginnend, umlaufen die Reliefs die Vorhalle. Zu Anfang steht die Begegnung Petri mit Jesus: Andreas stellt Jesus seinen Bruder Petrus vor. Die letzte Szene zeigt Kaiser Konstantin beim Baubeginn von *Alt-Sankt-Peter*. Sie ist ganz links oben in der Deckenmitte zu sehen.

Pollino fällt sogleich das goldverzierte Wappen an der Stuckdecke ins Auge. Es zeigt Greif und Drache: Es handelt sich um das Wappen Papst Pauls V., folgert Pollino.

Don Antonio führt Pollino und Pollina zum bronzenen Mittelportal des Doms, dem eigentlichen Haupteingang. »Der Florentiner Künstler Filarete hat dieses Portal im 15. Jahrhundert für die Vorgänger-Kirche *Alt-Sankt-Peter* geschaffen. Das herrliche Portal bleibt meist geschlossen, so dass es die Besucher in Ruhe betrachten können«, erklärt Don Antonio den Kindern. »Darauf dargestellt sind oben Christus und Maria; in der Mitte links, das ist der heilige Paulus und daneben der heilige Petrus mit Papst Eugen. Unten sind die Martyrien von Paulus und Petrus zu sehen: Die Enthauptung des Paulus und die Kreuzigung des Petrus.«

Was ist die *Heilige Pforte*?

»Neben dem Mittelportal befindet sich eine weitere geschlossene Tür, werft einen Blick auf die *Porta Santa*: die *Heilige Pforte*!«, fordert Don Antonio die Geschwister auf. »Das ist dieses Portal rechts von uns. Es ist zwar nicht so alt wie das Mittelportal, aber es hat große Bedeutung: Diese Tür ist nur während eines Heiligen Jahres geöffnet, ansonsten ist sie von innen zugemauert. Heilige Jahre finden normalerweise alle 25 Jahre statt. Das letzte Heilige Jahr war das Jahr 2000. Jedoch kann der Papst auch ein außerordentliches Heiliges Jahr ausrufen, was in der Vergangenheit aber nicht allzu oft passiert ist.

Zu einem Heiligen Jahr öffnet der Papst in der Weihnachtsmesse am 25. Dezember vor dem beginnenden Jahr die *Heilige Pforte*. Nachdem er vor der Pforte niedergekniet ist, schlägt er dreimal mit dem Hammer auf die Mauersteine und spricht: ›*Gewähre, Gott, deiner Kirche, froh den Augenblick zu begehen, in dem du uns die Gunst erwiesen hast, diese Pforte deinen Gläubigen zu öffnen, auf dass sie eintreten und zu dir beten mögen, damit sie Vergebung, Ablass und völlige Befreiung von ihren Sünden erfahren und frei in ein Leben nach dem Evangelium deines Sohnes gehen.*‹

Den Pilgern, die diese Tür durchschreiten, werden die Sünden vergeben.«

Im Mittelalter wurden *Heilige Jahre* zunächst nur alle 50 Jahre ausgerufen. *Heilige Jahre* werden auch *Jubeljahre* genannt. Daher stammt übrigens die Redewendung »alle Jubeljahre einmal«, das soll einfach heißen: extrem selten! Denn für die damaligen Menschen bedeutete ein Abstand von 50 Jahren, in dem ein besonderer Sündenablass möglich war, mehr als ein Menschenalter. Am 25. Dezember des *Jubeljahres* wird die Tür schließlich wieder vermauert.

Im Innern des Petersdoms

Jetzt betreten die drei Besucher die Kirche. Vor ihnen tut sich der überwältigende Innenraum von Sankt Peter auf: Marmor, Stuck und Bronze, wohin sie auch sehen.

»Ich weiß nicht genau, ob die Zahlen stimmen«, sagt Don Antonio, »denn ich habe nie nachgezählt: Angeblich gibt es in dieser – der größten – Basilika der Welt 778 Säulen, 395 Statuen und 135 Mosaikbilder. Und 45 Altäre verteilen sich in der Kirche. – Welch eine riesige Kirche! Sie bietet Platz für 60.000 Besucher!«

Auf dem glatten Marmorfußboden fällt Pollino sofort der große rotbraune Porphyrstein gleich am Anfang des Mittelschiffs auf. Seine Farbe und Form heben ihn deutlich hervor. »Dieser Stein befand sich einst vor dem Hauptaltar von *Alt-Sankt-Peter*«, weiß Don Antonio zu berichten. »Er ist Zeuge von geschichtsträchtigen Ereignissen: Viele christliche Kaiser wurden im Mittelalter auf diesem Stein von Päpsten gesalbt und gekrönt. – So auch Karl der Große, am Weihnachtsabend des Jahres 800.«

Pollino entdeckt gleich in der Nähe eine bronzene Inschrift und beginnt zu lesen: *Templum Vaticanum, M. 186,36*. »Mit Templum Vaticanum ist die Peterskirche gemeint. Und wenn ich mich recht erinnere, ist ihr Innenraum 186,36 m lang, mit den Außenmauern gerechnet«, denkt er bei sich. Bedächtig geht er weiter Richtung Hauptaltar. Seine Augen sind fest auf den Fußboden geheftet. Es dauert eine ganze Weile, bis er erkennt: *St. Paul's Cathedral, London: M. 158,10*. Wieder muss er einige

Meter zurücklegen: *Florentina Metropolitana: M. 149,28.* Es handelt sich um Markierungen auf dem Marmorboden, mit den Namen berühmter Kirchen: Genauestens sind hier die Längen dieser Kirchen aufgeführt, und man sieht sie im direkten Vergleich zu Sankt Peter.

Die *Pietà* des Michelangelo

Pollina betrachtet unterdessen die beleuchtete Figurengruppe an der rechten Kirchenwand in der Nähe des Eingangs: »Das ist eines der größten Kunstwerke aller Zeiten: die so genannte *Pietà* – geschaffen in den Jahren 1498 bis 1500 vom genialen Bildhauer und Maler Michelangelo Buonarotti, besser bekannt unter seinem Vornamen Michelangelo«, erklärt der Monsignore, der Pollinas Interesse an der *Pietà** bemerkt hatte.

»Zu sehen ist Maria. Auf ihrem Schoß liegt ihr Sohn Jesus, der am Kreuz gestorben ist. Maria hält ihn in ihren Armen. Der Künstler Michelangelo zeigt Jesus hier in dem Moment, als er gerade sein irdisches Leben aushaucht. Noch sind seine Muskeln etwas angespannt. Jesus schenkt den Menschen seinen letzten Atem.«

Still betrachten Pollina und Don Antonio das Werk Michelangelos. Nach einer Weile blickt sich Don Antonio nach Pollino um. Schon eilt dieser herbei, denn er möchte

sich Don Antonios Ausführungen zur *Pietà* auf keinen Fall entgehen lassen.

»Das Erste, was der Besucher von Sankt Peter sieht, ist diese Kapelle mit der *Pietà*. Es handelt sich um ein Jugendwerk von Michelangelo, einem Bildhauer aus Florenz. Michelangelo war erst 22 Jahre alt, als er den Auftrag für diese Gruppe von einem französischen Kardinal bekam.

Als dann der Papst das herrliche Werk sah, das Michelangelo geschaffen hatte, bestand er darauf, dass die Statue ihren Platz hier im Petersdom fände. Er hatte ihre Schönheit und ihre Bedeutung sofort erkannt: Die *Pietà* ist ein Schlüssel, um den Geist dieses Ortes, dieser Kirche hier zu verstehen. Gerade im Gedenken an Petrus, einen einfachen Menschen vom See Genezareth, erinnern wir uns an den Tod und die Auferstehung. Die *Pietà* führt uns das Anliegen der Peterskirche vor Augen: Sie will uns an den Tod und die Auferstehung von Petrus erinnern. Diese Erinnerung ist unser gemeinsames christliches Geheimnis: Tod und Auferstehung. Und Michelangelos *Pietà* zeigt uns das Geheimnis auf wunderbare Weise: Jesus schenkt in den Armen seiner Mutter den letzten Atem. Gleichzeitig besiegt er in diesem Augenblick den Tod. Denn Jesus wird am dritten Tage nach seinem Tod auferstehen.«

Michelangelo und die Mutter Maria

»Die Kunst des jungen Michelangelo ist bis heute unübertroffen«, schwärmt Don Antonio: »Michelangelo war zu jener Zeit noch ein sehr junger Künstler. Doch seine *Pietà* ist das vollendete Werk einer *Pietà*-Darstellung. Michelangelo war der Ansicht, dass er aus dem Marmorstein das Schöne, das Gute und das Wahre herausarbeiten und sichtbar machen müsse – all diese Eigenschaften schlummern seiner Ansicht nach in der Materie. Er arbeitete mit unendlicher Begeisterung an seinem Werk, das wie ein Traum anmutet und das er in kurzer Zeit verwirklichte.

Weniger als zwei Jahre bearbeitete er diesen großen Marmorblock. Auch Michelangelo selbst war schließlich stolz auf sein Werk, das er geschaffen hatte. Das zeigt seine Signatur: ›Michelangelus, der Florentiner‹, schrieb er darauf. Danach hat er übrigens nie wieder eines seiner Werke mit seinem Namen versehen.

Seht euch diese Mutter Maria an! Vor 33 Jahren hatte sie ihren Sohn geboren. Doch Michelangelo entwirft eine Maria, wie sie ein junger Mann sieht: Eine ideale Gestalt mit dem Antlitz eines jungen Mädchens: Maria ist eine immer junge Frau, die Jungfrau Maria. Dazu muss man wissen, dass Michelangelo seine Mutter verloren hatte, als er vier Jahre alt war – ein einschneidendes Ereignis in seinem Leben! Ich kann mir gut vorstellen, dass die Mutter

Michelangelos oder die Erinnerung an das Gesicht seiner Mutter das Modell für diese Maria darstellt.

Michelangelo ist etwas ganz Großes mit dieser Gottesmutter gelungen: Die junge Frau verkörpert perfekt das, was wir als Mütterlichkeit verstehen: Schaut auf das Gewand mit den vielen Falten! Es bietet eine Fülle an Raum, es behütet den Sohn. Maria ist die schützende Mutter. Im Mutterschoß empfängt die Jungfrau Maria den sich schenkenden, sterbenden Sohn. Sie leidet unter dem Tod des Sohnes, doch sie ist in diesem Augenblick nicht resigniert. Sie zeigt mit der Hand, ganz ohne Worte, auf unser christliches Geheimnis von Tod und Auferstehung.«

Weshalb wird die *Pietà* hinter Glas gesichert?

Pollina ist noch versunken in der Betrachtung dieser Figurengruppe. Erst nach einer Weile fällt ihr auf, dass eine Glaswand die *Pietà* schützt. »Hat man Angst vor Diebstahl?«, fragt sie.

»Nein, die Glaswand hat mit einer tragischen Episode zu tun«, erklärt Don Antonio. »Sie ereignete sich in den 70er Jahren des vorigen Jahrhunderts: Ein armseliger Mensch schlug an einem Sonntag um 11 Uhr, kurz vor dem Papstsegen, mit einem Stock auf die Marienfigur ein. Er wollte sie zerstören, damit allein der Sohn zur Geltung käme. Er hat die Statue Mariens schwer beschädigt: Ein Arm lag am Boden, ein Auge und die Nase waren verletzt. Man hat jedoch alles exakt restaurieren können. Dennoch wurde beschlossen, das einzigartige Werk Michelangelos künftig besser zu schützen.«

Die Petrusstatue

Don Antonio und seine beiden jungen Gäste nähern sich nun dem nächsten Blickfang der Kirche: dem wuchtigen, ausladenden Baldachin über dem Hauptaltar. Beinahe magnetisch zieht er die Besucher an.

An dem gewaltigen Pfeiler der Kirchenkuppel rechts vor dem Altar bleibt Don Antonio unvermittelt stehen: »Und hier vor euch sitzt er, aus antiker Bronze gegossen. Darf ich euch bekannt machen? – Das ist Simon Petrus. Und diese großartige Kirche hier ist ihm gewidmet, um sein Andenken zu bewahren.«

»Diese Statue muss schon sehr alt sein, denn ihr rechter Fuß ist schon ganz abgenutzt«, stellt Pollina fest und sieht, dass andere Kirchenbesucher den etwas hervorstehenden rechten Fuß des Petrus mit der Hand berühren und ihn küssen. »Die Abnützung ist im Laufe der Jahrhunderte geschehen«, erklärt der Monsignore und fährt fort: »Diese Petrusstatue stammt noch aus der alten

Kirche, die Kaiser Konstantin erbauen ließ. Millionen von Menschen haben seither den Fuß berührt und geküsst. Füße küssen bedeutet jemanden verehren. Auf Lateinisch heißt ›Verehrung‹ ›adoratio‹ – darin steckt ›ad os‹, ›zum Mund bringen‹. Die Gläubigen huldigen Petrus auf diese Weise. Sie kommen in seine Kirche, um seine Nähe, die Gemeinschaft mit ihm zu spüren.«

Wer war Simon Petrus?

Petrus hieß ursprünglich Simon. Ihn – wie auch seinen Bruder Andreas – berief Jesus als einen seiner ersten Jünger, die ihm folgen sollten.

Simon stammte aus einer kleinen Stadt in Galiläa, die am Ufer des Sees Genezareth lag. Er war Fischer von Beruf. Jesus gab seinem Jünger Simon den Beinamen »Kephas« – was übersetzt bedeutet: »Stein« oder »Fels«. Dafür steht das Lateinische Wort »Petrus«: So hieß er fortan Simon Petrus.

Zu Jesus hatte Petrus ein ganz besonders vertrautes Verhältnis. Oft war Petrus der Sprecher der Jünger Jesu.

Gemeinsam mit Johannes und Jakobus wurde Petrus Zeuge der Auferstehung Christi. Nach dem Tod Jesu gründete Petrus die erste christliche Gemeinde in Jerusalem. Schließlich begab er sich auf Missionsreise. Sein Weg führte ihn durch Kleinasien und Griechenland, und schließlich nach Rom. Auch dort, in der Hauptstadt des Römischen Reiches, berichtete er den Menschen, was seine Augen gesehen hatten: Von den Wundern und der Liebe Jesu Christi, dem Gottessohn, der zu den Menschen kam, um sie zu erlösen. Petrus fand bei den Einwohnern Roms Gehör. Schnell entstand in Rom eine Christengemeinde. Petrus war ihr Anführer, er war der erste Bischof Roms.

Weshalb gab Jesus Simon den Namen »Fels«?

Diese Frage interessiert Pollino. »Eine einfache Antwort kann ich dir darauf nicht geben, Pollino«, antwortet der Monsignore. »Ich will es aber versuchen: Petrus liebte Jesus über alles. Er versprach Jesus sogar, ihm in den Tod zu folgen.

Der Herr hat diesen Menschen Petrus auserwählt, er hat ihm einen Auftrag gegeben, so berichtet es der Evangelist* Matthäus. Guckt nach oben! Dort oben am Fuß der Kuppel steht es auf Lateinisch geschrieben: TU ES PETRUS ET SUPER HANC PETRAM AEDIFICABO ECCLESIAM MEAM ET TIBI DABO CLAVES REGNI CAELORUM – *›Du bist Petrus, der Fels. Auf diesem Stein will ich meine Kirche bauen und dir gebe ich die Schlüssel des Himmelreiches‹*.

Doch Petrus war nicht immer ein starker Fels. Er war mitunter auch ein schwacher Mensch. Wisst ihr, was passierte, nachdem Jesus verhaftet und vor den Hohen Rat gebracht worden war? Petrus wurde angesprochen, ob er auch einer der Freunde Jesu sei. Petrus verleugnete Jesus und sagte, er kenne diesen nicht. Petrus log. Und Jesus hatte es Petrus vorausgesagt, dass er in dieser Nacht insgesamt dreimal versagen würde. Petrus weinte bitterlich über seine Taten. Petrus zeigte Reue. So ist der Mensch, und diese Menschlichkeit gefällt dem Herrn.

Das ist ein schöner Vergleich mit der Kirche des Petrus. Denn auch diese Kirche, von der aus der christliche Glaube in die Welt hinausgetragen wird, steht nicht auf festem Gestein – denn hier am Ufer des Tiber ist der Boden aus Sand. Unser Herr aber baut trotzdem auf die Menschen, auch wenn sie schwach sind – wie es auch Petrus manchmal war.

Dieser Petrus ist unser Vorbild! Dazu erzähle ich vielleicht eine Episode aus der Apostelgeschichte: Petrus sagt einem Gelähmten, dass er weder Silber noch Gold habe. Aber er reicht ihm die Hand – die Hand, die die Kraft des Herrn erfahren hat. Und diese Geste, dieses Handreichen, bewirkt das Wunder. Der Gelähmte steht auf und geht in den Tempel von Jerusalem, er springt und hüpft und verkündet das Lob Gottes. So können auch wir uns verhalten, auch wenn wir nicht mächtig und reich sind. Petrus ist ein Vorbild für alle Christen. Er hat den Weg für den Herrn vorbereitet.«

Was bedeutet »Papst«?

»Jesus übergab Petrus bildlich die Schlüssel des Himmelreichs. Er berief ihn damit zu seinem Stellvertreter auf Erden. Petrus war auch der erste Bischof Roms. Da der

Papst Petrus nachfolgt, ist somit der Papst stets auch Bischof von Rom. Der Papst und die katholische Kirche führen das Amt und die Aufgabe Petri fort. Und jeder Papst ist nicht Nachfolger seines Vorgängers, sondern des Simon – genannt Petrus, der *Stein*.«

»Aber wisst ihr denn, was ›Papst‹ im eigentlichen Sinn bedeutet?«, fragt Don Antonio die beiden Kinder. »Da steckt das Wort ›Vater‹ darin«, beeilt sich Pollina zu antworten. »Das ist richtig«, bestätigt Don Antonio: »Aber ich würde ihn als Papa bezeichnen, unseren Papa. Petrus war der Vater, der erste Papa unter den 12 Aposteln.«

Was bedeutet »katholisch«?

»Ich benutze das Wort ›katholisch‹ ganz selbstverständlich, aber ehrlich gesagt: Ich weiß nicht, was es genau bedeutet,« merkt Pollina bei dieser Gelegenheit an. Don Antonio erklärt: »›Katholisch‹ ist ein Wort aus dem Griechischen. Es heißt so viel wie ›alle betreffend‹ oder ›allumfassend‹. Darin liegt unser Anspruch: Die katholische Kirche möchte für alle Christen da sein.«

Der Baldachin des Bernini

Pollino, Pollina und ihr gelehrter Begleiter sind inzwischen bis zur Marmorbrüstung vor dem Hauptaltar der Kirche weitergegangen. Über dem Altar erhebt sich der prunkvolle Baldachin mit seinen vier wuchtigen, gedrehten Säulen.

»Diesen Baldachin aus Bronze schuf kein anderer als Gian Lorenzo Bernini. Er verwendete für dieses Werk die bronzene Deckenverkleidung der Vorhalle des Pantheon, einem berühmten antiken Tempel in Rom. Bernini ließ sie entfernen, um diesen Baldachin zu erschaffen. Natürlich schade, dass er die Bronze für einen anderen Zweck verwendete, doch welch herrliches Werk gelang Bernini mit diesem Baldachin! Er ist eine festliche Pergola. Unter der Pergola steht der Altar, darunter wiederum befindet sich das Grab des Petrus. Die Pergola überdacht das Grab Petri.

Der lateinische Name für Grabstätte ist *Cimiterium*, damit meint man *Schlafraum*. Das ist unsere christliche Vorstellung: Petrus schläft. Er erholt sich von seinem Martyrium des Lebens. Die Pergola spendet ihm Schatten – wie es hier im Süden üblich ist. In der Hitze suchen die Arbeiter eine Pergola auf, um zu essen, zu trinken und sich zu erholen. Unter der Pergola des Bernini erholt sich Petrus. Der Märtyrer wartet hier auf seine Auferstehung.

Seht ihr oben an der Decke des Baldachins die strahlende Taube? Die Taube steht für den Heiligen Geist. Der Heilige Geist wacht über dem Grab des Petrus.«

Der Baldachin in Zahlen

Der Baldachin ist über 28 m hoch und das größte Bronzemonument der Welt. Neun Jahre, von 1624 bis 1633, arbeitete der Künstler Gian Lorenzo Bernini an diesem Meisterwerk. Die vier bronzenen Säulen wiegen 3,7 Tonnen. Der Baldachin steht direkt unter der großen Kuppel, in der Kreuzung von Mittel- und Querschiff der Basilika.

Der Papstaltar

»Der große weiße Marmoraltar unter dem Baldachin ist der Papstaltar«, erklärt der Monsignore weiter. »Er besteht aus einem massiven antiken Marmorblock. Das Besondere ist, dass sich der Altar ganz genau über dem Grab des Apostels Petrus befindet. Das Grab seht ihr dort unten, unterhalb der Marmorbrüstung.

Das Grab Petri war stets und ist auch heute der Mittelpunkt dieser Basilika. Bedenkt nur: Aus dem einfachen Grab wurde schließlich diese kunstvolle Basilika! Es ist wie in der Natur: Aus einem kleinen Samen – hier war es das armselige Grab – wurde ein riesiger Baum: die Basilika.«

Wie wurde aus dem Petrusgrab die Peterskirche?

Ausführlich legt der Monsignore nun die Geschichte des Petrusgrabes dar: »Petrus starb im Jahre 67 nach Christus beim Zirkus des Nero den Märtyrertod und wurde dort in der Nähe auch begraben. Um das Grab Petri herum erstreckte sich eine römische Nekropole, eine Totenstadt mit teilweise sehr aufwändigen Grabbauten, die mit Gemälden und Mosaiken* ausgeschmückt waren. Das Grab Petri aber war ein ganz einfaches Grab. Der Leichnam wurde in die nackte Erde gelegt: Große, gegeneinander gestellte Ziegel bedeckten das Grab. Schon bald wurde das Grab von der christlichen Gemeinde verehrt. Im 2. Jahrhundert, etwa um das Jahr 150, entstand eine erste kleine Gedenkstätte.

Als Kaiser Konstantin im 4. Jahrhundert eine Kirche über dem Grab errichten ließ, wurde das kleine Grabmonument zum Mittelpunkt der Kirche und rundherum mit wertvollen Marmor- und Porphyrplatten verkleidet. Türen öffneten den Blick des Gläubigen auf die letzte Ruhestätte des Petrus. Ein steinerner Baldachin mit zwölf gewundenen und mit Weinranken verzierten Säulen stand über dem Grab. Mit der Zeit veränderten die Päpste das Aussehen des Grabes. Heute befindet sich der Altar in der Peterskirche genau über dem alten Grabmonument, und die Heilige Messe kann somit über der Grabstätte des Petrus gefeiert werden.«

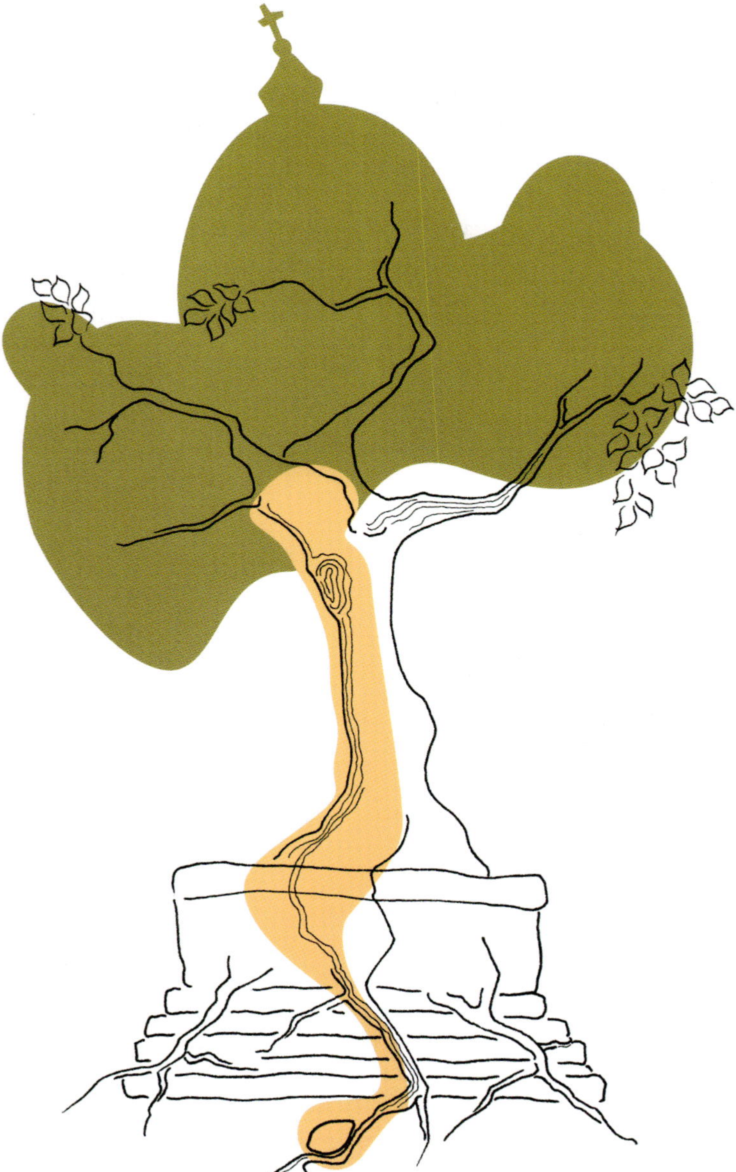

Pollino und Pollina bewundern den unterhalb des Altars gelegenen und prachtvoll ausgestalteten Raum mit dem Grab Petri. »Man nennt diesen Grabraum *Confessio*,« erläutert Don Antonio. Mit diesem Begriff bezeichnet man den Raum von Heiligengräbern in Kirchen. Den besten Blick auf das Grab aber haben wir eine Etage tiefer, von den so genannten *Vatikanischen Grotten* aus. Lasst uns doch hinuntergehen! Dazu müssen wir die Basilika allerdings erst einmal wieder verlassen. Der Eingang zu den Grotten befindet sich auf der Nordseite der Kirche.«

Das Petrusgrab und die »Vatikanischen Grotten«

Das Grab Petri besucht man am besten von den »Vatikanischen Grotten« aus. Damit wird die Unterkirche des Petersdomes bezeichnet. Der Fußboden der Grotten entspricht dem Fußboden von *Alt-Sankt-Peter*. Die Stützmauern der neuen Basilika befinden sich auf dem Boden der alten Basilika. Bei Grabungen, die man im vergangenen Jahrhundert unter der Basilika durchgeführt hat, wurde die antike Nekropole freigelegt. Man fand unterhalb des jetzigen Petrusgrabes eben jene kleine und frühe Gedenkstätte, die zu Ehren des Apostels entstand. Mehrere griechische Inschriften kamen zum Vorschein. Die wichtigste ist sicherlich: »*PETROS ENI*« - »Petrus ist hier drin«. Eine weitere schöne Inschrift lautet: »IN XR(CRISTO) CUM PETRO« - »In Gemeinschaft mit Petrus«. Die »Vatikanischen Grotten« sind die Begräbnisstätte der meisten Päpste. Sie ruhen in der Nähe des Apostelfürsten. Sehr viele Gläubige besuchen das Grab des erst vor kurzem verstorbenen Papstes Johannes Paul II.

»So, von hier aus sehen wir das Grab des Apostels sehr schön«, beginnt der Monsignore, »der gesamte Raum ist wunderbar ausgestattet mit Einlegearbeiten aus Marmor und Verzierungen aus vergoldeter Bronze. 99 Lampen brennen am Grab Petri.

Seht ihr die Nische dort ganz hinten? Das ist die so genannte *Pallien-Nische*. Die Rückwand, auf der sich ein Bild Jesu befindet, ist noch Teil des uralten Grabmonumentes, jener kleinen Gedenkstätte aus dem Jahr 150. Links davon ist ein Mosaik, das Petrus zeigt. Rechts ist Paulus zu sehen.«

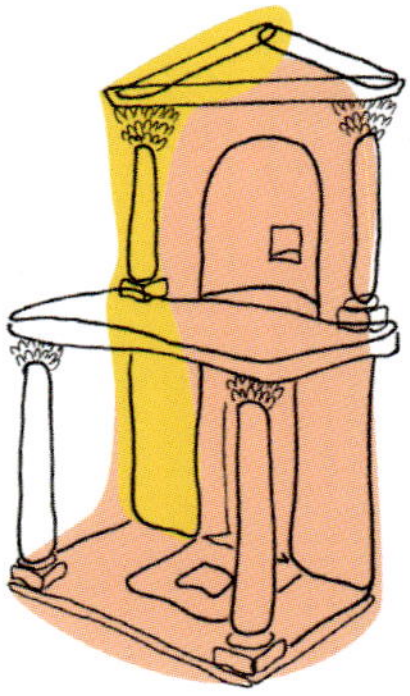

So etwa sah das erste Grabmonument für Petrus aus

»Was befindet sich in dem bronzenen Behälter vor dem Jesus-Bild?«, fragt Pollino neugierig. »In dieser Schatulle befinden sich die *Pallien*. Nach ihnen ist die Nische benannt «, antwortet Don Antonio. »*Pallien*, ihr erinnert euch doch, als ich euch das Wappen von Papst Benedikt XVI. erklärt habe? Die *Pallien* sind das Abzeichen für die Erzbischöfe. Die *Pallien* werden am Grab Petri aufbewahrt, bevor sie vom Papst verliehen werden.«

Die Kuppel des Petersdoms

»So, jetzt geht es von ganz unten nach ganz oben! Wir erklimmen die Kuppel. Von dort haben wir einen hervorragenden Überblick über den gesamten Vatikan, und natürlich können wir uns die Kuppel des Michelangelo ganz genau ansehen. Der Aufgang zur Kuppel befindet sich gleich in der Nähe des Eingangs der *Vatikanischen Grotten*. Kommt mit, Kinder!«, fordert der Monsignore die beiden auf.

Um auf das Dach der Kirche zu gelangen, steht den Besuchern ein Fahrstuhl zur Verfügung. Pollino aber hat es sich nicht nehmen lassen, den Treppenaufgang auf das Dach zu nehmen – schließlich will er genau prüfen, wie viele Treppenstufen hier insgesamt zu überwinden sind, bis er von ganz oben die Stadt Rom aus der Vogelperspektive sehen kann!

Don Antonio und Pollina bevorzugen den bequemeren Weg mit dem Aufzug. Oben treffen sie den hechelnden Pollino wieder. »Puuh, das war ganz schön anstrengend, aber gut für die Fitness! Da kann ich später beruhigt zwei

Portionen Spaghetti essen!« Pollinos Magen meldet sich mit einem ersten Knurren ...

Vom Dach der Kirche aus betreten sie schließlich gemeinsam das Innere der Kuppel. Auf der Galerie stehend, staunen sie über das architektonische Meisterwerk. Herrlich glänzen die Mosaike, die das Innere der Kuppel bedecken. In der Mitte, am höchsten Punkt, ist eine Darstellung von Gottvater zu sehen.

»Großartig!«, flüstert Pollino. »Das sind ja riesige Dimensionen!«

»Ja, Pollino, diese Kuppel ist in jeder Hinsicht kolossal!«, bestätigt Don Antonio. »Schaut nur einmal auf die Worte Jesu an seinen Apostel Petrus, die am Fuß der Kuppel geschrieben stehen: TU ES PETRUS ET SUPER HANC PETRAM AEDIFICABO ECCLESIAM MEAM. Hier aus der Nähe betrachtet, wirkt das Ganze aber gar nicht mehr wie ein Satz. Die Buchstaben sind beinahe zwei Meter hoch und man verliert das einzelne Wort fast aus den Augen.

Und dann die Darstellungen gleich darunter, diese herrlichen Rundbilder: Das sind Mosaiken mit den Evangelisten darin. Abgebildet sind: Matthäus, Markus, Lukas und Johannes – die Verkünder der Frohen Botschaft Jesu Christi. Fast acht Meter groß sind diese Figuren!«

Die Kuppel des Petersdoms

133,3 Meter hoch ragt die Kuppel des Petersdoms in die Höhe. Ihr Durchmesser beträgt 42,34 Meter. Sie ist die größte Kirchenkuppel der Welt. Ihre Mauern wiegen 14.000 Tonnen! Die Kuppel wird getragen von vier gewaltigen Pfeilern. Ihr seht sie im Kircheninneren. Jeder dieser fünfeckigen Pfeiler misst im Umfang 71 Meter! - Kein Wunder, bei dieser Last, die sie tragen müssen.

Michelangelo entwarf die Kuppel des Petersdoms. Im Jahr 1564 verstarb der große Künstler und Baumeister. Zu diesem Zeitpunkt war gerade jener Teil der Kuppel mit den sechzehn Fenstern entstanden. Man nennt ihn *Tambour*, das ist der zylindrische Aufsatz, noch unterhalb der eigentlichen Kuppel. Erst im Jahr 1593 war die Kuppel komplett fertig gestellt. An Michelangelos Werk hatten sich nach seinem Tod noch etliche Architekten beteiligt, darunter Domenico Fontana und Giacomo della Porta. Letzterer gab der Kuppel des Petersdoms schließlich ihre vollendete Form.

Perfekter Rundblick von der Aussichtsgalerie

»Jetzt geht's erst richtig los!«, freut sich Pollino: »Der eigentliche Aufstieg beginnt!« Die drei machen sich auf den Weg nach oben, zur Aussichtsgalerie an der Kuppellaterne.

»273, 274, 275 und ...! So, die Hälfte der Stufen haben wir geschafft. Denn es sollen insgesamt 551 sein!« Pollino zählt genau mit. Die drei halten kurz an, um etwas zu verschnaufen. Enge und steile Treppen führen nach oben – ein anstrengendes Unternehmen!

»Hier drinnen versteht ihr, wie die Kuppel konstruiert ist«, erklärt Don Antonio. »Die Kuppel besteht aus zwei Schalen: einer inneren und einer äußeren. Wir bewegen uns nun zwischen innerer und äußerer Schale. Die äußere ist mit Bleiplatten verkleidet. Sie schützt die innere Mauer. Denn an ihr dürfen Sonne, Wind und Wetter nicht zehren, damit die Mosaiken im Innern der Kuppel keinen Schaden nehmen.«

Endlich oben! Der Weg führt Don Antonio, Pollino und Pollina hinaus auf die Aussichtsgalerie, die sich um die Kuppellaterne herumzieht. Als *Laterne* bezeichnet man den runden Aufbau über der eigentlichen Kuppel. Er sieht wirklich aus wie eine große Laterne.

Dann bietet sich den dreien ein perfekter Rundblick über die Stadt Rom und ihr Umland. Immer wieder ragen Kirchenkuppeln aus dem Häusermeer der Stadt. Ein Sprichwort sagt, in Rom gibt es mehr Kirchen als Tage im Jahr. Die Luft ist heute klar, und so erkennt man am Horizont Hügel und Berge: In südöstlicher Richtung sind die Albaner Berge sehr gut auszumachen, und ganz im Osten reicht das Auge sogar bis zum Abruzzen-Gebirge. Dessen Gipfel erreichen beinahe 3000 Meter Höhe. Nun fällt der Blick auf den Petersplatz, der sich unten vor der Kirche weitläufig ausdehnt.

Pollina betrachtet die Kolonnaden: »Von hier oben erkennt man sehr gut, was der Architekt Bernini beabsichtigte: Diese Kolonnaden auf beiden Seiten – sie sehen tatsächlich aus wie lange, ausgebreitete Arme, die die Menschen auf dem Platz schützen sollen. Und seht ihr die weißen Streifen auf dem Boden des Petersplatzes? – Diese geometrischen Formen sind mir vorhin, als wir den Platz besichtigt haben, gar nicht aufgefallen. Sie führen direkt auf den Obelisken hin, zur Mitte des Platzes.«

Blick über den Vatikan

»Von hier oben hat man den besten Überblick über die Vatikanstadt, kommt doch mal zu mir herüber!«, fordert Don Antonio die Geschwister auf. Don Antonio deutet nach unten: »Hier im Westen gelegen seht ihr den Bahnhof des Vatikans. Und angrenzend beginnen die Vatikanischen Gärten. Ein Besuch lohnt sich wirklich! Diese Gärten, die sich den Vatikan-Hügel nach oben ziehen, sind ein Ort der Ruhe und Beschaulichkeit – nichts zu merken von der Hektik der Großstadt Rom, und immer wieder eröffnen sich dem Spaziergänger neue und ungewöhnliche Ansichten von der Kirche des heiligen Peter. Leider reicht uns heute die Zeit nicht für die Gärten, aber ihr werdet das sicher nachholen. Fast jeden Tag gibt es öffentliche Führungen. Unterhalb der Gärten, in dem lang gestreckten und hoch herausragenden Gebäude, sind die Vatikanischen Museen untergebracht: Diese wollen wir im Anschluss noch besuchen.«

Wo wohnt eigentlich der Papst?

Die drei hatten die Laterne fast umrundet: Aufmerksam betrachtet Pollino die Gebäude der Vatikanstadt, die sich unten ausbreitet: ein verwinkeltes Geäst von kleineren und großen Gebäuden, die miteinander verbunden sind und immer wieder von Innenhöfen durchbrochen werden.

»Und das Bauwerk dort, nahe der nördlichen Kolonnade, das große Gebäude links, das so quaderförmig aussieht – ist das der Papstpalast, die Residenz des Papstes?«, fragt Pollino etwas unsicher.

»Ja, Pollino, in dem Gebäude ganz vorne, das du meinst, darin befindet sich die Wohnung von Papst Benedikt XVI. Wenn du auf dem Petersplatz stehst, siehst du sie im obersten Stock, ganz rechts außen. Darunter sind Räume, die als päpstliche Audienzsäle dienen. Dieses Gebäude macht aber nur einen Teil des gesamten Papstpalastes aus. Wie du von hier gut sehen kannst, ist der Papstpalast eine riesige Anlage. Er umfasst sogar die Vatikanischen Museen.«

Der Papstpalast

Der Papstpalast wird auch Apostolischer Palast genannt. Der Haupteingang zum Apostolischen Palast ist das so genannte »Bronzetor« am Ende der Bernini-Kolonnaden. Es wird von der Schweizergarde bewacht.

Der erste Amtssitz des Papstes in Rom befand sich bei der Laterankirche San Giovanni. Das änderte sich erst im 14. Jahrhundert. Der Papstsitz wurde für einige Jahrzehnte in die südfranzösische Stadt Avignon verlegt. Als im Jahr 1377 der Papst nach Rom zurückkehrte, hatten Brände den Lateranpalast zerstört. Der Papst bezog dann den Palast im Vatikan.

Der Apostolische Palast ist die offizielle Residenz des Papstes.

Der Apostolische Palast ist mit etwa 1400 Räumen der größte Gebäudekomplex der Welt. Im Papstpalast befindet sich neben den Privat- und Amtszimmern des Papstes auch die Verwaltung des Vatikans. Der Palast erstreckt sich weiter auf herrliche Innenhöfe und Kapellen, wie etwa die Sixtinische Kapelle, in der die Papstwahl stattfindet. Er umfasst ebenfalls das mächtige, lang gestreckte Gebäude, in dem die Vatikanischen Museen untergebracht sind.

Neben der Petruskirche, so wird berichtet, hatte schon Papst Symmachus am Ende des 5. Jahrhunderts eine Wohnung. Mit der Zeit wurde der Papstpalast vergrößert und verschönert. Sein heutiges Aussehen erhielt er größtenteils im 16. Jahrhundert. Im Innern ist er prachtvoll gestaltet. Einzigartige Werke schufen Michelangelo und Raffael.

Der *Passetto*: Vom Papstpalast zur Engelsburg

Don Antonio, Pollino und Pollina sind von der Kuppel herabgestiegen. Sie überqueren jetzt den Petersplatz, noch ganz in Gedanken versunken. So viele neue Eindrücke und Informationen haben die Geschwister heute schon in sich aufgenommen.

»Nun möchte ich euch unbedingt noch in die Vatikanischen Museen führen, um euch dort einige herrliche antike Kunstwerke und Michelangelos Gemälde des *Jüngsten Gerichts* zu zeigen. Der Weg zum Museum führt uns durch die nördliche Kolonnade. Dann geht's geradeaus, immer an den Mauern des Vatikans entlang«, erklärt Don Antonio.

»Ähm, Monisignore, eine Frage: Wie weit ist es denn noch bis zum Eingang der Museen?«, fragt Pollino vorsichtig. Sein Magen knurrt inzwischen heftig.

»Na ja, das sind schon einige hundert Meter, die wir zurücklegen müssen«, antwortet der Monsignore.

Dieser blickt zu Pollino, dann zu Pollina: »Ihr seid hungrig und durstig, nicht wahr? – Es ist zwar noch etwas früh, aber lasst uns in diesem Viertel eine Kleinigkeit essen gehen. Da bietet sich dieser Stadtteil wirklich an. Wir befinden uns hier im so genannten Borgo Pio. Dieses Stadtviertel ist nach Papst Pius IV. benannt, weil er es im 16. Jahrhundert durch eine Stadtmauer sichern ließ. Im Borgo gibt es seit alters her urige Tavernen für die Pilger, die den Vatikan besuchen ...

Gehen wir doch gleich am *Passetto* entlang! Ich kenne da ein nettes Lokal, ganz in der Nähe«, muntert Don Antonio die Kinder auf. »Der *Passetto*, ist das diese hohe, rotbraune Mauer mit den Zinnen obendrauf, direkt vor uns?«, fragt Pollina sogleich. »Genau! Der *Passetto* befindet sich hier nordöstlich des Peterplatzes. Beim *Passetto* handelt es sich um eine ungefähr 700 Meter lange, stattliche Wehrmauer. Eigentlich ist er ein Stück der ersten Stadtmauer um den Vatikan, die Papst Leo IV. im 9. Jahrhundert errichten ließ, als die Sarazenen in Italien wüteten. Die vorhandene Mauer wurde später umfunktioniert. Im Innern legten die Päpste einen Fluchtweg an, der von ihrem Palast in die Engelsburg führt. Die Engelsburg habt ihr sicher schon gesehen: diesen riesigen, runden Bau am Tiber mit einer unübersehbaren Engelsstatue obendrauf. Die Engelsburg war ursprünglich Grabmal des römischen Kaisers Hadrian und seiner Frau. Die Päpste nahmen später die Engelsburg in Besitz und bauten sie mit der Zeit zu einer fast uneinnehmbaren Festung aus.

»Benützen Päpste den *Passetto* wirklich?«

So hakt Pollino ein. »Heutzutage natürlich nicht, aber einige Male ist es in der Vergangenheit vorgekommen, dass Päpste sich des *Passetto* bedienen mussten, um aus ihrem Palast in die Engelsburg zu fliehen«, antwortet Don Antonio und fährt fort:

»Zum Beispiel im Jahr 1494, als sich Papst Alexander VI. vor Truppen des französischen Königs verschanzte, und auch im Jahr 1527. Damals ereignete sich der so genannte ›Sacco di Roma‹, ein trauriges Kapitel in der Geschichte der Stadt Rom: Deutsche und spanische Söldner – aber auch italienische waren daran beteiligt – fielen in der Stadt ein. Sie plünderten und brandschatzten. Wahllos mordete die Horde. Einen Monat lang herrschte dieser Schrecken. 30.000 Römer, fast die Hälfte der Stadtbevölkerung, waren als Opfer zu beklagen. Papst Clemens VII. rettete sich aus größter Not in den Schutz der Engelsburg.«

»Nun aber Schluss mit Grausamkeiten, Kinder, auch ich habe großen Appetit! Wie wäre es mit einer Portion Pasta mit leckeren Meeresfrüchten und einem Stück Kuchen als Dessert? – Zum Beispiel einer *Torta della Nonna*! Dieser Kuchen hat einen eigenwilligen Namen: *Omas Torte*. Aber die schmeckt umwerfend! Sie ist mit Ricotta, einem Frischkäse, und Pinienkernen gebacken, eine echt römische Spezialität!«

Nachdem sich die drei beim Mittagessen in einer kleinen Trattoria gestärkt haben, schlendern sie guter Laune die Straße Via di Porta Angelica an der Mauer des Vatikans entlang Richtung Eingang der Vatikanischen Museen. An der Porta di S. Anna, einem Zugang zur Vatikanstadt, bleiben sie stehen.

Die Schweizergarde

»Das ist doch die Schweizergarde, die Leibwache des Papstes, die diesen Eingang in den Vatikan bewacht. Ist die bunte Uniform nicht hübsch? – Bestimmt stammt sie aus dem Mittelalter! Heißt es nicht, Michelangelo, dieser

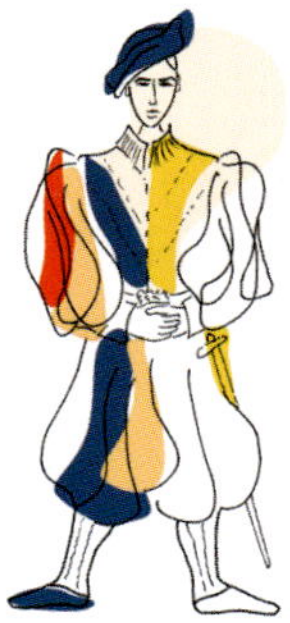

Universalkünstler, hätte selbst diese Uniform entworfen?«, fragt Pollina. »Ja, diese bunte Uniform in Rot-Gelb-Blau geht wirklich auf das Mittelalter zurück«, bekräftigt der Monsignore. »Heute wird die bunte Uniform von der Garde hier an diesem Eingang nur ausnahmsweise getragen. Das ist nämlich die Galauniform der Gardisten.«

»Darf ich denn ein Foto von diesen Gardisten machen – auch zur Erinnerung an unseren wunderschönen Tag?«, erkundigt sich Pollina. »Da musst du die Gardisten fragen. Sie sind Schweizer und sprechen Deutsch«, antwortet der Monsignore. Eine freundliche Frage, und schon klappt es! Ein Gardist bietet sogar an, ein Erinnerungsfoto von den dreien mit einem uniformierten Gardisten zu schießen.

Die Schweizergarde

Wiederholt hatten Päpste schweizerische Truppen in ihre Dienste genommen. Deren Leistungen waren so gut, dass Julius II. im Jahr 1506 eine feste Garde von 150 Mann ins Leben rief. Heute ist die päpstliche Schweizergarde eine Truppe von 110 Schweizern; darunter sind sechs Offiziere, 26 Unteroffiziere und 78 Hellebardiere. Die jungen Männer müssen katholisch, mindestens 1,74 m groß und beim Amtsantritt zwischen 18 und 25 Jahre alt sowie unverheiratet sein. Außerdem müssen sie den Militärdienst in der Schweiz geleistet haben. Sie verpflichten sich auf zwei Jahre zu ihrem Dienst. Die Farben der Galauniform, Rot-Gelb-Blau, sind die Wappen-Farben der Medici-Familie aus Florenz, aus der mehrere Päpste stammten. Im Alltag tragen die Schweizergardisten allerdings eine dunkelblaue Uniform.

Ehrenvollstes und zugleich traurigstes Kapitel in der Geschichte der Schweizergarde ist der 6. Mai 1527, als beim so genannten »Sacco di Roma« die Söldnertruppen Kaiser Karls V. die »ewige Stadt« plünderten. Die Schweizergarde verhalf Papst Clemens VII. zur Flucht in die Engelsburg. Dabei fielen gemeinsam mit ihrem Hauptmann 146 Gardisten. Nur 42 konnten sich mit dem Papst retten.

Rundgang Vatikanische Museen

Entlang der Stadtmauer des Vatikans

Der Eingang zu den Museen liegt an der Straße Viale Vaticano. Auf dem Weg dorthin entdeckt Pollino weitere herrliche Papstwappen an der hohen Stadtmauer, die das Vatikangelände einfasst. An der Stadtmauer bemerkt er das Wappen von Papst Urban VIII. Dieser stammte aus der berühmten und alten römischen Adelsfamilie Barberini. Drei Bienen zieren deren Familienwappen. Unterwegs in Rom stößt man immer wieder auf Zeugnisse dieser Familie. An der Ecke Via Veneto und Piazza Barberini gibt es sogar einen eigenen *Bienenbrunnen*. Er wurde von eben jenem Papst Urban VIII. in Auftrag gegeben und von Gian Lorenzo Bernini gestaltet.

»Es ist früh am Nachmittag, aber eine sehr gute Zeit, um die Museen zu besuchen. Denn am Morgen, wenn die Museen öffnen, bilden sich meist lange Schlangen vor dem Eingang. Wir Römer essen in der Zeit zwischen 13 Uhr und 15 Uhr zu Mittag. Auch die Touristen in der Stadt gewöhnen sich schnell an unsere Sitten. Für uns drei ist das jetzt eine ausgezeichnete Möglichkeit, in aller Ruhe die Kunstwerke in den Museen zu besichtigen«, freut sich Don Antonio.

»Ich habe gelesen, dass man fast sieben Kilometer Weg zurücklegen muss, um sich die gesamten Museen anzusehen«, merkt Pollino an. »Keine Sorge«, beruhigt der Monsignore. »Die Kunststammlungen sind zwar wirklich so umfangreich, dass man sie gar nicht alle an einem Tag besichtigen kann. Aber ich habe nur drei, dafür sehr wichtige, Werke ausgesucht. Die will ich euch ganz ausführlich erklären: Die antike *Apollo*-Statue, die antike Figurengruppe des Priesters *Laokoon* sowie ein überdimensionales Gemälde von Michelangelo: *Das Jüngste Gericht.*«

Die Vatikanischen Museen

Seit dem Zeitalter der Renaissance* erweisen sich die Päpste als große Kunstsammler. In der Renaissance begannen sie, die Peterskirche und den Papstpalast von den herausragenden Künstlern ihrer Zeit bauen und ausschmücken zu lassen.

Das Kunstideal jener Zeit war die Antike. So begann Papst Julius II. (1503-1513), antike Skulpturen zu sammeln. Die Päpste waren es auch, die die Kunstsammlungen aus ihren Palästen einem öffentlichen Publikum zugänglich machten. Im 18. Jahrhundert entstanden die ersten Museen im Vatikan. Sie entwickelten sich bis heute zum vermutlich reichhaltigsten Museum der Welt. Einzigartige religiöse und profane, das heißt weltliche, Kunstwerke gibt es hier zu bestaunen: alt-ägyptische Inschriften, antike Statuen aus Rom und Griechenland oder Meisterwerke der europäischen Malerei aus acht Jahrhunderten.

Das Museum umfasst unterschiedliche Themen, die in verschiedenen Gebäuden präsentiert werden, daher auch die Bezeichnung in der Mehrzahl: Vatikanische Museen. Im Wesentlichen lassen sich die Museen in vier große Bereiche einteilen: 1. Alt-ägyptische und etruskische Ausstellungen widmen sich intensiv dem Totenkult dieser Kulturen. 2. Die Antikensammlung aus dem griechischen und römischen Altertum ist die größte der Welt. 3. Die kirchlich-vatikanisch ausgerichtete Abteilung beinhaltet die beeindruckende vatikanische Bibliothek und zeigt zudem moderne religiöse Kunst sowie Ausstellungsstücke aus christlich missionierten Ländern. 4. Einige Räume des Papstpalastes sind selbst Kunstschätze und der Öffentlichkeit zugänglich. Dazu gehören unter anderem die so genannten »Stanzen« (das heißt »Zimmer«) und die »Loggien« des Raffael sowie die »Sixtinische Kapelle« von Michelangelo. Die Künstler Raffael und Michelangelo schmückten diese Räume jeweils mit prachtvollen Gemälden aus.

Apollo und die Figurengruppe des *Laokoon*

Don Antonio steuert mit seinen jungen Begleitern gleich in das so genannte *Museo Pio Clementino*. Hierin befindet sich die überragende Sammlung von Kunstwerken aus der Antike. In der »Sala degli Animali« fallen Pollina sofort die wirklichkeitsgetreuen Nachbildungen von Tieren aus Marmor und Alabaster ins Auge. In diesem »Saal der Tiere« geben Wildschwein, Schwan, Hirsch und Krebse den Ton an.

Dann geht es hinaus in den *Belvedere-Innenhof*. Darin befinden sich die beeindruckenden Skulpturen aus Marmor: Die *Laokoon*-Gruppe sowie *Apollo*. Beide entstanden nach Vorbildern aus dem antiken Griechenland. Die *Laokoon*-Gruppe wurde in der frühen römischen Kaiserzeit – etwa im Jahr 30 vor Christus – geschaffen. Die Statue des *Apollo* stammt ursprünglich vom Athener Bildhauer Leochares.

»Betrachtet diese wunderbare Statue ganz genau!«, fordert Don Antonio die Geschwister auf. »Wisst ihr, wen sie darstellt? – Es ist Apollo, ein Gott aus der griechischen Mythologie. Er ist der Gott der Künste und des Lichtes – gleich der Sonne strahlt er vollkommene Schönheit aus. Aber dieser griechische Gott beschränkt sich nicht auf eine Schönheit, die nur sagen will: ›Schau mich an, wie schön ich bin!‹ Dieser Apollo hier vor uns ist ganz konzentriert. Er, der schöne junge Mann, hat ein Ziel vor Augen, er hat sich etwas vorgenommen. Denn dieser Gott der

Griechen wollte nicht nur Schönheit verkörpern, er stand gleichzeitig auch für Recht, Ordnung und Frieden. Diese Ziele verfolgte der Gott des Lichts.«

»Warum zeigen Sie uns denn gerade diese Statue?«, fragt Pollina gespannt. »Wartet noch etwas ab! Ihr werdet gleich sehen!«, antwortet Don Antonio.

»Lasst uns nun noch ein weiteres bekanntes Kunstwerk aus der Antike betrachten, eine Figurengruppe aus der griechischen Sagenwelt: die des Priesters Laokoon und seiner Söhne. Kennt ihr denn die Geschichte des Laokoon?«, fragt Don Antonio.

»Ich weiß nur, dass sie etwas mit dem Trojanischen Pferd zu tun hat!« Pollina hatte im Lateinunterricht von dieser Sage bereits gehört.

»Die Geschichte spielte im antiken Griechenland«, fährt Don Antonio fort: »Laokoon war ein Priester in der Stadt Troja. Die Griechen führten Krieg gegen Troja und belagerten die Stadt – bereits seit 10 Jahren, jedoch ohne Erfolg! Schließlich ersannen die Griechen eine List: Sie bauten ein großes, hölzernes Pferd. In seinem Bauch versteckten sie Soldaten. Dann zogen die Belagerer ab – so zumindest sollten die Trojaner glauben. Das Pferd ließen die Griechen zurück. Wenn die Trojaner das Pferd als Geschenk betrachteten, würden sie es in die Stadt holen, dann könnten die griechischen Soldaten des Nachts herausschlüpfen und die Stadttore den eigenen Truppen öffnen, die sich in der Nähe versteckt hatten. Die Trojaner wussten nicht, was es mit diesem großen Holzpferd auf sich hatte. Einige hielten es tatsächlich für ein Weihegeschenk der Griechen, die damit ihre Ehrfurcht vor den Trojanern zum Ausdruck bringen wollten.

An dieser Stelle kommt Laokoon, der Priester Trojas, ins Spiel. Laokoon warnte die Bewohner Trojas davor, das Pferd in die Stadt zu ziehen. Er schleuderte seine Lanze gegen das Pferd. Doch schon bald stiegen zwei große Seeschlangen aus dem Meer – die griechische Göttin Athena hatte sie geschickt, denn sie wollte die Eroberung Trojas durch die Griechen. Die Schlangen erfassten schließlich die Zwillingssöhne des Priesters Laokoon. Dieser eilte ihnen zu Hilfe, doch alle drei wurden von den Schlangen erwürgt. Die Trojaner schlugen daraufhin die Warnung des Laokoon in den Wind. Sie glaubten, er sei getötet worden, weil er Unrecht hatte. Die Trojaner brachten schließlich das Pferd in die Stadt. Der Ausgang der Geschichte ist bekannt: Die Griechen eroberten und zerstörten Troja.

Ich möchte euch an dieser Figurengruppe des *Laokoon* auf etwas aufmerksam machen. Hier ist eine ganz dramatische Szene dargestellt: Der Kampf um Leben und Tod. Man sieht, wie der Priester Laokoon sich bewegt, um sich zu befreien. Mit seinem rechten Arm – leider ist die Hand abgebrochen – versucht er energisch, die Ungeheuer zu vertreiben. Fast glaubt man, ein Sohn könne sich retten.

Der Sohn auf der linken Seite aber, für ihn gibt es bereits kein Entkommen mehr. Das Ungeheuer hält ihn fest umschlungen. Seht euch diese Szene an: Die Figuren bilden ein Dreieck! Für den antiken Künstler galt diese Anordnung als vollkommene Darstellung.«

Pollino und Pollina betrachten die Figurengruppe des trojanischen Priesters und seiner Söhne eingehend.

»Ich hoffe, ihr erinnert euch auch noch gut an die *Apollo*-Statue? Das ist nämlich wichtig. Denn jetzt gehen wir in die Sixtinische Kapelle und werden uns dort ein Gemälde ansehen. Um dieses Gemälde richtig verstehen zu können, müsst ihr sowohl *Apollo* als auch *Laokoon* geistig vor euch haben«, erläutert der Monsignore.

Pollina ist begeistert: »In die Sixtinische Kapelle! – Ich freue mich schon so lange darauf, sie zu besichtigen. Sie ist berühmt wegen der riesigen Gemälde von Michelangelo!«

»Aber nicht nur deswegen, sondern darin findet auch stets die Papstwahl statt«, ergänzt Pollino.

Die Sixtinische Kapelle

Die Sixtinische Kapelle ist nach Papst Sixtus IV. benannt, der sie erbauen ließ. Die Kapelle ist etwa 40 Meter lang, 13 Meter breit und 26 Meter hoch. Sie entspricht damit dem sagenhaften Tempel des

Königs Salomon in Jerusalem, der von den Römern zerstört wurde. Geweiht wurde die Kapelle im Jahr 1484. Die Wandgemälde zeigen Szenen aus dem Leben von Jesus und Moses. Die Deckenfresken sowie die Fresken an der Altarwand fertigte der Universalkünstler Michelangelo an. Dieser hatte bereits die *Pietà* geschaffen, und später sollte er für die Peterskirche auch als Baumeister tätig sein. Vier Jahre, von 1508-1512, benötigte Michelangelo, um die Kirchendecke mit Fresken* zu bemalen. Das Deckengemälde zeigt Szenen aus der Genesis, der Schöpfungsgeschichte. Ein Ausschnitt ist weltberühmt: Der auf die Erde zuschwebende Gottvater erweckt mit ausgestrecktem Zeigefinger Adam zum Leben. 115 überlebensgroße Figuren malte Michelangelo insgesamt an die Decke. Auf einem Gerüst arbeitete er alleine, ohne Gehilfen. Die meiste Zeit lag er beim Malen auf dem Rücken!

An den Fresken der Altarwand der Sixtinischen Kapelle arbeitete Michelangelo von 1534-1541. Das Gemälde ist das größte Fresko der Welt. Es enthält 394 Figuren, viele davon sind überlebensgroß dargestellt. Erst vor wenigen Jahren wurde das Gemälde aufwändig restauriert. Somit erstrahlen die Fresken des Michelangelo in herrlichen, kräftigen Farben.

In der Sixtinischen Kapelle: *Das Jüngste Gericht*

Als sie die prachtvolle Kapelle betreten, fallen die Blicke von Pollino und Pollina auf das großartige Deckengemälde. Die berühmte Szene, in der Gottvater Adam beseelt, kennen Sie von Kunstplakaten. Nach einer Weile wendet sich Don Antonio an die beiden: »Betrachten wir nun doch gemeinsam das Gemälde an der Altarwand. Dort

stellt Michelangelo das *Jüngste Gericht* dar. Der Tag des Weltuntergangs ist gekommen, so, wie es im Neuen Testament vorhergesagt wird. Jesus Christus kehrt auf die Erde zurück und richtet über die Menschen, die entweder in den Himmel aufgenommen oder in die ewige Verdammnis gestürzt werden.

Und nun aufgepasst: Habt ihr *Apollo* und *Laokoon* geistig vor euch?... Vergleicht doch mal: Dieser strahlende Jesus ist wie *Apollo*, der Gott des Lichtes. Und seht den erhobenen Arm Jesu – das ist dieselbe Geste wie die des *Laokoon*! Aber es ist eine richterliche Hand, denn mit seiner Linken wehrt Jesus das Böse ab, mit seiner Rechten vertreibt er es und verstößt es für immer.

Am Tag des Jüngsten Gerichts kommt Jesus auf die Erde, um zu richten und die endgültige Ordnung zu stiften: Die Verdammten werden in die Hölle hinabgestoßen, die Seligen in den Himmel erhoben. Maria, seine Mutter, ist neben und ganz nah bei Jesus zu sehen. Sie wendet sich den Erlösten zu, die aus ihren Gräbern emporsteigen. Maria nimmt sich ihrer als Fürsprecherin an. Doch selbst unter den Seligen hat keiner Gewissheit, es herrscht große Unsicherheit. Ehrfurchtsvoll blicken sie zu Jesus. Denn der Herr spricht am Jüngsten Tag das entscheidende Wort: *Richten* heißt *Recht sprechen*, es heißt: *das Letzte Wort sagen*.

Das Letzte Wort zu sagen, steht allein unserem Herrn Jesus Christus zu – genau das will dieses Gemälde von Michelangelo zum Ausdruck bringen. Betrachtet als Beispiel den heiligen Bartholomäus: Er ist unmittelbar am linken Fuß von Jesus Christus dargestellt. Bartholomäus hat das Evangelium*, die Frohe Botschaft des Herrn, bis nach Indien verbreitet und ist dort deswegen hingerichtet worden. Bei lebendigem Leib wurde ihm die Haut abgezogen. Doch selbst dieser Märtyrer ist nun unsicher, wie Jesus über ihn entscheiden wird. Zum Jüngsten Gericht hat er wie als Beweis in einer Hand das Messer mitgebracht, mit dem er gehäutet wurde; in der anderen hält er seine Haut. – Man möchte meinen, dass Bartholomäus sagt: ›Sieh, Jesus, ich bin es Bartholomäus, ich bin für meinen Glauben an dich gestorben. Erinnerst du dich? – Bitte, nimm mich bei dir auf!«

Die Kinder betrachten das Gemälde aufmerksam: »Don Antonio, ja jetzt sehe ich, was Sie uns im Vergleich mit den antiken Beispielen zeigen wollen! Die Figuren ähneln einander wirklich! Der Jesus, den Michelangelo malte, trägt eindeutig Züge von *Apollo* und *Laokoon*. Der Gesichtsausdruck Jesu erinnert an *Apollo* und der ganze muskulöse Körper an *Laokoon*. Selbst das Dreieck der *Laokoon*-Gruppe findet man hier wieder. Vergleicht doch: Jesus, Maria und Bartholomäus, auch sie bilden ein Dreieck.« Pollina erinnert sich sehr genau.

»Du hast dir die Figuren wirklich gut eingeprägt, Pollina!«, lobt der Monsignore. Michelangelo war ein Renaissance-Künstler. Sein künstlerisches Vorbild war die Antike, und es ist ganz sicher: Michelangelo kannte sowohl die *Apollo*-Statue als auch die *Laokoon*-Gruppe ganz genau. Danach hat er dieses Gemälde des *Jüngsten Gerichts* gestaltet. Er hat in seinem Gemälde die Anregungen der antiken Kunst aufgenommen. Denn Jesus ist einerseits wie Apollo: Jesus ist das Licht, da er den Menschen Hoffnung gibt. Er ist die Schönheit, denn er ist das Gute! Andererseits ist Jesus wie der kämpfende Laokoon. Denn Jesus ist stark! Jesus ist die stärkste aller Mächte! Er hat das Böse und den Tod besiegt.

Die Antike war also das Vorbild Michelangelos. Und ihr habt es ja gesehen: Alle diese Figuren waren nackt. Der antiken Kunst entsprechend, malte auch Michelangelo seine Figuren ursprünglich alle ohne Kleidung, splitternackt!«, fügt der Geistliche hinzu.

»Aber jetzt sind sie es nicht mehr!«, wundert sich Pollino. »Tja, Michelangelo wollte freimütig die nackte Wahrheit zeigen, direkt in der Kapelle des Papstes. Doch man hat später einen Maler beauftragt, die Genitalien der nackten Figuren mit Tüchern zu übermalen. Der Volksmund nannte diesen Maler spöttisch: ›Maestro Braghettone‹ – ›Hosenlatzmaler‹.

Und noch eine weitere nette Anekdote will ich euch zu diesem Bild erzählen. Michelangelo nahm sich für die Figuren auf dem Gemälde oft seine Zeitgenossen als Vorbilder. Er portraitierte sie. Das Gesicht des Bartholomäus zum Beispiel ist das Gesicht von Pietro Aretino, einem berühmten Schriftsteller und Dichter. Der hatte einst Michelangelo kritisiert. Und der große Künstler fühlte sich dabei wie gehäutet. Deswegen seht ihr das verzerrte Antlitz von Michelangelo in der Haut, die Bartholomäus bei sich trägt.«

Auf ein Wiedersehen in Rom!

Tief beeindruckt von dem Gemälde des *Jüngsten Gerichts* verlassen Pollino und Pollina mit ihrem Begleiter die Museen. Die Führung ist zu Ende.

Leider müssen sie sich jetzt von »ihrem« Reiseleiter Don Antonio verabschieden.

So viele interessante Dinge hat er ihnen heute im Vatikan gezeigt und darüber erzählt, so dass Pollino und Pollina ihn fast nicht gehen lassen wollen.

»Lieber Don Antonio, das war ein wundervoller Tag mit Ihnen …«, setzt Pollina an. Dann blickt sie etwas verlegen zu ihrem Bruder. Doch Pollino fällt es genau so schwer, Abschied zu nehmen und die richtigen Worte zu finden: »Vielen Dank, Monsignore, vielen Dank für Ihre Mühen …!«, beginnt er.

Don Antonio merkt, wie es Pollino und Pollina zu Mute ist und entgegnet: »Nicht der Rede wert, es hat mir großen Spaß gemacht, euer Reiseleiter zu sein und euch mit dem Vatikan etwas näher vertraut zu machen. Es gibt keinen Grund zur Traurigkeit, denn im Vatikan verbergen sich noch viele weitere wunderbare Kunstschätze und interessante Geschichten über den christlichen Glauben und die Vergangenheit der katholischen Kirche. Wir haben heute ja längst nicht alles angesehen! Deswegen solltet ihr bald wiederkommen. Beim nächsten Mal flanieren wir gemeinsam durch die üppigen Vatikanischen Gärten, statten den herrlichen Kirchen *Santa Maria Maggiore*, *Sankt Paul vor den Mauern* und der *Lateranbasilika* einen Besuch ab und sehen, welche außergewöhnlichen Kunstschätze es in den Vatikanischen Museen noch zu entdecken gibt. Oder wie wäre es zum Beispiel mit einem Besuch in den Katakomben, den unterirdischen christlichen Grabstätten aus der römischen Antike? – Die sind wirklich beeindruckend!«

»Oh, ja prima, das würde uns gefallen! Na, dann auf ein Wiedersehen, Don Antonio, bis bald in Rom!«, verabschieden sich die Kinder vom Monsignore.

Glossar und wichtige Begriffe

Altar
Der Altar erinnert an den Tisch des Abendmahls, an dem Jesus am Abend vor seiner Gefangennahme und Kreuzigung mit seinen Jüngern trank und speiste. In katholischen Kirchen ist der Altar der zentrale Ort des Gottesdienstes und zeigt damit die Verbundenheit der Gläubigen mit Jesus.

Barock
Das Wort »Barock« stammt eigentlich aus dem Portugiesischen und bedeutet »unregelmäßige Perle«. Dieses Wort wurde ins Französische übernommen, um damit eine Kunstrichtung zu bezeichnen: »baroque« - »schiefrund«, »ausgefallen«. Der Barock ist eine Kunstepoche, die im 16. Jahrhundert von Italien ausging und sich in ganz Europa verbreitete. Er entwickelte den Stil der Renaissance weiter. In der Baukunst, der Bildhauerei und der Malerei produzierte man kraft- und schwungvolle Formen. Ob Wände, Statuen oder gemalte Figuren - sie scheinen alle in Bewegung und wirken sehr körperlich. Wenn man barocke Gemälde betrachtet, hat man oft den Eindruck, die Figuren wären lebendig und man könnte - und möchte - sie anfassen. Rom ist die italienische Hauptstadt des Barock.

Basilika *(Mehrzahl: Basiliken)*
Basiliken waren im antiken Rom große Gebäude, die vielerlei Zwecken dienten. Sie wurden als Markt- und Gerichtshallen oder von den Kaisern als Empfangsräume genutzt. Für die frühen großen Kirchen der Christen in Rom wie die *Lateranbasilika* oder *Santa Maria Maggiore* wurde die Form der antiken Basilika übernommen. Die christliche Basilika geht damit auf antike Bauformen zurück.

Bibel
Die Bibel (auch *»Buch der Bücher«* oder *»Heilige Schrift«)* ist eine Sammlung von Schriften, die das Wort Gottes enthalten. Für Christen sind sie die Urkunden ihres Glaubens. Die christliche Bibel ist aufgeteilt in das Alte Testament und das Neue Testament. Das Alte Testament ist eine Schriftensammlung über die Geschichte des Bundes Gottes mit seinem Volk Israel. Das Neue Testament berichtet und erzählt über das Leben und Wirken, den Tod und die Auferstehung Jesu Christi.

Engel
In der Bibel erscheinen Engel oft als »Boten Gottes« in menschlicher Gestalt. Sie sind Mittler zwischen Gott und den

Menschen. Bekannt sind vor allem die Erzengel Michael, Raphael und Gabriel. Gabriel verkündete Maria die Geburt ihres Sohnes Jesus. Schutzengel sind unsere täglichen Begleiter und wachen über uns.

Evangelium – Evangelisten
In der katholischen Religionsgeschichte gibt es vier Evangelisten: Matthäus, Markus, Lukas und Johannes. Diese vier Heiligen werden auch durch Tiere oder Engel dargestellt. Ein Engel deutet auf den heiligen Matthäus hin. Der Löwe steht für den heiligen Markus, Stier oder Ochse verweisen auf den heiligen Lukas und ein Adler auf den heiligen Johannes. Die Evangelisten tragen ihre Bezeichnung deshalb, weil sie in ihren vier Büchern, die im Neuen Testament zu finden sind, über Jesus Christus berichten. Sie verkünden die »gute Botschaft«, und eben diese Bedeutung hat das griechische Wort »euaggélion«, von dem das Wort »Evangelium« stammt: eine gute, frohe Botschaft. Die Evangelien sind die ersten vier der insgesamt 27 Bücher des Neuen Testaments. Die Evangelien berichten vom Leben und Wirken Jesu Christi, seinem Tod und seiner Auferstehung – das ist die Frohe Botschaft, die die Evangelien verkünden.
Die Evangelisten haben die Ereignisse aus dem Leben Christi niedergeschrieben. Sie wollten damit einen Beweis für ihren festen Glauben liefern und den Menschen nachfolgender Generationen einen schriftlichen Bericht hinterlassen.

Fresko *(Mehrzahl: Fresken)*
Ein Fresko entsteht, indem der Künstler direkt auf die frisch verputzte, noch feuchte Wand malt. Sobald der Putz trocknet, dringt die Farbe in den Putz ein und kann sich so über Jahrhunderte halten. Allerdings muss der Maler bei einem Fresko zügig und in kleinen Abschnitten arbeiten, denn der Putz trocknet schnell und lässt dann keine Veränderungen mehr zu.

Gebete
Viele gläubige Christen wenden sich im Gebet täglich an Gott. Es gibt verschiedenste Gebete, darunter das Vaterunser, mit denen wir Gott danken und um seinen Schutz bitten. Jeder Mensch kann aber auch seine eigenen »Gespräche« mit Gott führen, mit ihm dadurch in Kontakt treten, ihm nahe sein, ihm danken oder ihn um etwas bitten. Zwei wichtige Gebete sowie das katholische Glaubensbekenntnis sind im Folgenden wiedergegeben:

VATERUNSER
Das Vaterunser stammt von Jesus selbst. Er lehrte es seinen Jüngern mit den Worten: »Euer Vater weiß, was ihr braucht, bevor ihr ihn darum bittet.

Darum solltet ihr so beten«:

Vater unser im Himmel,
geheiligt werde dein Name.
Dein Reich komme.
Dein Wille geschehe, wie im Himmel so auf Erden.
Unser tägliches Brot gib uns heute.
Und vergib uns unsere Schuld, wie auch wir vergeben unseren Schuldigern.
Und führe uns nicht in Versuchung,
sondern erlöse uns von dem Bösen.
Denn dein ist das Reich und die Kraft und die Herrlichkeit in Ewigkeit.
Amen.

AVE MARIA
In der katholischen Kirche erfährt die Gottesmutter eine besondere Verehrung. Sie gilt als Fürsprecherin für uns Menschen bei Gott.

Gegrüßet seist Du, Maria,
voll der Gnade,
der Herr ist mit Dir.
Du bist gebenedeit unter den Frauen,
und gebenedeit ist die Frucht Deines Leibes, Jesus.
Heilige Jungfrau Maria, Mutter Gottes,
bitte für uns Sünder, jetzt und in der Stunde unseres Todes. Amen.

(»gebenedeit« kommt vom lateinischen »benedicere«. »Benedeien« heißt »segnen« oder »lobpreisen«)

GLAUBENSBEKENNTNIS
Das katholische Glaubensbekenntnis lautet:

Ich glaube an Gott, den Vater, den Allmächtigen,
den Schöpfer des Himmels und der Erde.
Und an Jesus Christus, seinen eingeborenen Sohn,
unsern Herrn,
empfangen durch den Heiligen Geist,

geboren von der Jungfrau Maria,
gelitten unter Pontius Pilatus,
gekreuzigt, gestorben und begraben,
hinabgestiegen in das Reich des Todes,
am dritten Tage auferstanden von den Toten,
aufgefahren in den Himmel;
er sitzt zur Rechten Gottes, des allmächtigen Vaters;
von dort wird er kommen, zu richten die Lebenden und die Toten.
Ich glaube an den Heiligen Geist,
die heilige katholische Kirche,
Gemeinschaft der Heiligen,
Vergebung der Sünden,
Auferstehung der Toten
und das ewige Leben.
Amen.

Heilige
Heilige sind Menschen, die aufgrund ihrer herausragenden religiösen Tugend oder weil sie für ihren Glauben den Märtyrertod gestorben sind, heilig gesprochen wurden. Die katholische Kirche spricht Personen nach ihrem Tod und mit der Bestätigung des Papstes heilig. Heilig sind die Mutter Gottes – Maria –, Apostel sowie Märtyrer*.
Die Gedenktage der Heiligen sind in vielen Fällen deren Todestag, weil dieser als der Geburtstag zum ewigen Leben gilt. In der katholischen Kirche werden beispielsweise Johannes der Täufer (24. Juni), der heilige Martin (11. November) oder der heilige Nikolaus (6. Dezember) gefeiert.

Katholisch
Das Wort »katholisch« bedeutet ursprünglich so viel wie »das Ganze, alle betreffend«, »allgemein«. Katholisch zu sein bedeutet, der römisch-katholischen Kirche zugehörig zu sein. Innerhalb des Christentums ist sie zahlenmäßig die größte Konfession. Weltweit gehören ihr etwa 1,1 Milliarden Gläubige an, in Deutschland sind es rund 26 Millionen. Oberhaupt der katholischen Kirche ist der Papst, der Nachfolger des Apostels Petrus.

Kinder und Kirche

Kinder und Jugendliche können in der Kirche »mithelfen«, z.B., indem sie Aufgaben in der Pfarrgemeinde übernehmen, wie etwa in der Jugendarbeit. Als »Ministranten« sind sie Messdiener. Die Voraussetzungen für die Aufnahme als Ministrant sind von Gemeinde zu Gemeinde verschieden. Grundvoraussetzung ist jedoch die Taufe und die »Erstkommunion« *(s. Glossar »Kommunion«).*

Kleidung des Papstes

Der Papst ist auf Reisen und im Alltag fast ganz in Weiß gekleidet: Er trägt ein langes Obergewand (genannt *Soutane*), einen breiten Gürtel (genannt *Zingulum)* und einen kurzen weißen Umhang um die Schulter. Auf dem Kopf sitzt, ebenfalls weiß, ein Scheitelkäppchen (genannt *Piloleus*). Für schlechtes oder kaltes Wetter hat er einen bis zum Boden reichenden roten Mantel und dazu passend einen roten Hut. Sehr gerne trägt Papst Benedikt XVI. ebenfalls rote Schuhe. Der Papst trägt um den Hals eine goldene Kette mit einem großen Kreuz.

Die Gewänder für Messen haben unterschiedliche Farben, je nach Anlass. Auf dem Kopf des Papstes sitzt die Mitra, die Bischofsmütze; dazu trägt er um die Schultern das so genannte *Pallium*, den weißen Wollschal mit roten Kreuzen darauf. Das *Pallium* (Mehrzahl: *»Pallien«)* stellt gleichsam ein Lamm dar. Wie ein Hirte trägt der Papst ein Lamm auf den Schultern. Das soll bedeuten, dass er sich wie ein guter Hirte um die Mitglieder der Kirche kümmert. Bevor ein *Pallium* verliehen wird, wird es im bronzenen Behälter in der *Pallien-Nische* direkt am Grab des Apostels Petrus aufbewahrt.

Gewissermaßen zur Kleidung des Papstes gehört auch der so genannte Fischerring. Das ist der Amtsring des Papstes. In der Vergangenheit diente er als Siegel für päpstliche Schreiben. Auf diesem Ring ist - neben dem Namen des Papstes und dem Fisch - der Apostel Petrus, der Fischer vom See Genezareth, dargestellt. Petrus steht in einem Boot und zieht ein Fischernetz ein. Petrus ist hier jedoch als Menschenfischer zu verstehen. Jesus gab ihm und den anderen Jüngern den Auftrag, Menschen für den Glauben an Gott zu gewinnen. Der

Ring, den jeder Papst für sich gestalten lässt, wird dem Papst einige Tage nach der Wahl in einem feierlichen Gottesdienst zur Amtseinführung zusammen mit dem *Pallium* überreicht. Nach dem Tod des Papstes wird er im Beisein der Kardinäle vor ihren Augen mit einem silbernen Hammer zerschlagen.

Kommunion
»Kommunion« kommt aus dem Lateinischen und heißt »Gemeinschaft«. Die Kommunion bildet den wichtigsten Teil des Gottesdienstes. Die Gläubigen werden eingeladen, an einem gemeinsamen Mahl teilzunehmen. Dabei werden Hostie und – bei besonderem Anlass – Wein gereicht. Die Hostie ist sinnbildlich das Fleisch Jesu, der Wein das Blut Jesu.
Jesus hatte am Abend vor seiner Gefangennahme und Kreuzigung mit seinen Jüngern ein letztes gemeinsames Mahl abgehalten. Bei diesem letzten Abendmahl aßen sie Brot und tranken Wein. Jesus sagte dabei zu seinen Jüngern, dass er seinen Leib und sein Blut für die Vergebung der Sünden der Menschen hingeben wird. Sein Leib ist wie das Brot, das sie aßen, sein Blut wie der Wein, den sie tranken.
In der Kommunion lädt uns Jesus zum feierlichen Abendmahl ein, bei dem wir seiner gedenken. (Die Hostie ist an die Stelle des Brotes getreten.) Hostie und Wein, die in der Kommunion gereicht werden, wandeln sich zu Leib und zu Blut Jesu. Indem wir davon essen und trinken, sind wir mit Jesus verbunden und Teil seiner Gemeinschaft von Gläubigen.
Der Begriff der Kommunion wird in der katholischen Kirche auch im Sinne von »Erstkommunion« verwendet. Meist im Alter von 9 bis 10 Jahren nimmt der Christ in einem feierlichen Gottesdienst zum ersten Mal an der Kommunion, am gemeinsamen Abendmahl, teil.

Kreuzzeichen
Mit dem Kreuzzeichen stellen wir uns unter den Segen Gottes und glauben an die Erlösung durch Jesus am Kreuz: »Im Namen des Vaters und des Sohnes und des heiligen Geistes«. Diese Worte sprechen wir Katholiken, wenn wir uns bekreuzigen und uns damit zum dreieinigen Gott bekennen.

Märtyrer
Märtyrer werden Menschen genannt, die für ihren religiösen Glauben schweres körperliches Leid oder den Tod auf sich genommen haben. Märtyer sind etwa die heilige Agnes oder der heilige Bartholomäus, von denen ihr bereits erfahren habt.

Mosaik
Mosaikbilder werden aus zahlreichen farbigen Einzelstücken zusammenge-

setzt. Meist sind es Glas- oder Goldglassteinchen, die in einem Grund aus Kalk, Zement oder Gips befestigt werden. Die goldenen Mosaiken in Kirchen sollen nicht nur einfache Abbilder von Christus, Maria und den Heiligen, sondern golden strahlende Erscheinungen des Göttlichen sein.

Pietà

»Pietà« heißt auf Deutsch »Mitleid«. Solche Darstellungen wie die der Figurengruppe des Michelangelo in der Peterskirche werden *Pietà* genannt, weil Maria in dem Augenblick dargestellt wird, als sie mit der Hand den Betrachter um Mitleid für ihren toten Sohn Jesus Christus bittet, der am Kreuz gestorben ist und auf ihrem Schoß liegt.

Renaissance

(Vom italienischen »rinàscita« = Wiedergeburt) Mit diesem Begriff bezeichnet man allgemein einen geschichtlichen Zeitraum; besonders aber eine Kunstepoche, die sich in Italien Anfang des 15. Jahrhunderts herausbildete und dann in ganz Europa verbreitete. Berühmte Künstler jener Zeit verdienten nicht nur viel Geld, sie waren auch in der Öffentlichkeit sehr angesehene Leute (wie Leonardo da Vinci, Raffael, Michelangelo oder der Nürnberger Albrecht Dürer).

Taufe

Durch die Taufe wird man ein Teil Jesu und seiner Gemeinschaft. In der Frühzeit des Christentums wurden Erwachsene getauft, indem man sie mit dem ganzen Körper untertauchte. Heute tauft man Kinder meist bald nach der Geburt. Der Priester benetzt die Stirn des Täuflings mit Wasser und segnet ihn.

Weihrauch

Weihrauch ist eine Mischung aus Baumharzen, die beim Verbrennen stark duften. Die Harze kommen aus Afrika, Arabien und Indien. Die Heiligen Drei Könige brachten dem Jesuskind nach seiner Geburt neben Gold und Myrrhe (ein pfefferminzartiges Gewürz, das auch als Medizin verwendet wurde) Weihrauch mit. Weihrauch ist ein uraltes Symbol der Götterverehrung. In der katholischen Kirche wird Weihrauch vor allem während der Messe verwendet. Der Weihrauch soll die Menschen reinigen und Gott ehren. Der aufsteigende Rauch soll die Gebete der Menschen zu Gott tragen.

Große Künstler in Rom

Michelangelo Buonarotti, genannt »Michelangelo«, wurde 1475 in einem kleinen Ort in der Toskana geboren. Er entstammte einer adligen Familie. Schon als Kind bewies er Talent im Zeichnen, und so schickte ihn sein Vater in die Lehre zu einem bekannten Künstler jener Zeit. Berühmt wurde Michelangelo zuerst als Bildhauer. Er schuf die *Pietà*, danach eine heute weltberühmte, vier Meter hohe Skulptur - den »David«. Zwei Jahre brauchte er, um aus einem riesigen Marmorblock diese Figur herauszumeißeln. In Florenz war man so hingerissen von »David«, dass man ihn vor dem Rathaus aufstellte. Bald wurde der junge, aber bereits angesehene Künstler von Papst Julius II. nach Rom gerufen. Dort hat er im Laufe seines langen Lebens, er wurde 89 Jahre alt, zahlreiche Arbeiten ausgeführt, die sein umfassendes Können zeigen.

Raffaello Sanzio, genannt »Raffaello« (zu Deutsch: Raffael), wurde 1483 in der Stadt Urbino geboren. Sein Vater war Maler und angesehener Dichter am Hofe des Fürsten von Urbino. Raffael war ein fleißiger Schüler, und schon als junger Mann war er ein berühmter Maler. Papst Julius II. rief auch ihn nach Rom. Er wurde mit der Ausschmückung der päpstlichen Privaträume im Vatikan betraut. Zudem erhielt er vom Papst die Oberaufsicht über den Bau der Peterskirche und arbeitete als Architekt. Beeindruckend sind auch seine vielen Tafelbilder, auf denen er zumeist Szenen mit der Madonna (der heiligen Maria) oder anderen Heiligen dargestellt hat. Fürsten und Herrscher aus ganz Europa wollten Werke von Raffael kaufen. In seiner Werkstatt hatte er viele Künstler angestellt, die ihm bei der Ausführung der Aufträge halfen. Am Tag seines 37. Geburtstags, einem Karfreitag, starb Raffael völlig unerwartet. Raffael und Michelangelo gelten als »begnadete« Maler der Renaissance*.

Gian Lorenzo Bernini (Gian ist die Kurzform für Giovanni) wurde 1598 in Neapel geboren. Auch er war ein umfassender Künstler: Architekt, Maler, Dichter, vor allem aber Bildhauer. Als 10-Jähriger zog er mit der Familie nach Rom, wo er dann sein ganzes Leben verbrachte. Sein Vater war ebenfalls Künstler. Mit ihm arbeitete Gian Lorenzo schon als Kind. Eines Tages soll Papst Paul V. den Jungen bei der Arbeit beobachtet haben. Erstaunt über dessen Fähigkeiten, wollte der Papst von ihm wissen: »Was kannst du denn alles?« Ohne mit der Wimper zu zucken, erwiderte Gian Lorenzo: »Alles, was Ihr wünscht, Eure Eminenz!« Da der Papst aber keine genauen Vorstellungen äußerte, hat ihm Gian Lorenzo kurzerhand einen Kopf des Apostels Paulus aus Stein gehauen. Der Papst war davon so angetan, dass er 10 Goldstücke in die Hand des kleinen Gian Lorenzo drückte. Später sollte Bernini übrigens sehr reich und auch sehr alt (82 Jahre) werden. Für die Päpste schuf er eine Vielzahl von bedeutenden Kunstwerken, wie etwa den *Vier-Ströme-Brunnen* auf der Piazza Navona, den *Baldachin* über dem Papst-Altar in der Peterskirche oder die *Engel* auf der Engelsbrücke. Bernini war ein Meister des Barock*.

Informationen und Adressen

DEUTSCHES PILGERZENTRUM
(Centro Pastorale Pellegrini di Lingua Tedesca)
V. della Conciliazione, 51
Tel. 06/6 89 71 97
www.pilgerzentrum-rom.de
Öffnungszeiten:
Mo - Fr 8.30 - 18 Uhr
Sa 8.30 - 12.30 Uhr
Das Pilgerzentrum sorgt für Auskunft, Beratung und Betreuung für Einzelpilger und Pilgergruppen.

Die **AZIENDA DI PROMOZIONE TURISTICA DEL COMUNE DI ROMA** ist der Fremdenverkehrsverband der Stadt Rom. Er liefert auf seiner Homepage **www. romaturismo.it** alle wichtigen Informationen und Adressen für einen gelungenen Aufenthalt in Rom.

PAPSTAUDIENZ (Generalaudienz)
findet jeden Mittwoch um 10 oder 10.30 Uhr in der Audienzhalle oder auf dem Petersplatz statt. Kostenlose Karten sind nach Vorbestellung (mindestens 2 Wochen) im Pilgerzentrum erhältlich.

PETERSKIRCHE
Öffnungszeiten:
Peterskirche 7 - 18 Uhr
Schatzkammer 8 - 17 Uhr
Vatikanische Grotten 8 - 17 Uhr
Kuppel 8 - 17 Uhr
Hl. Messe: (werktags) 8.30/9/10/11/17 Uhr; (sonntags) 9/10.30/11.30/12.15/13/16/17 Uhr
Verkehrsanbindung: Bus 31, 62, 64, 982; Metro Linea A, Haltestelle *Ottaviano.*

VATIKANISCHE MUSEEN
Auf der Homepage des Vatikans **http://mv.vatican.va** sind Öffnungszeiten, Ruhetage und viel Wissenswertes zu den Museen online abzufragen; sogar ein virtueller Rundgang wird angeboten.
Eingang: Viale Vaticano
Öffnungszeiten:
Mo - Sa 10 - 16.45 Uhr
(November bis Februar 10 - 13.45 Uhr)
sonn- und feiertags geschlossen, jedoch letzter Sonntag im Monat 10 - 13.45 Uhr bei freiem Eintritt geöffnet.
Verkehrsanbindung: Bus 32, 81, 492, Haltestelle *Piazza del Risorgimento*
Mit der U-Bahn: Metro Linea A, Haltestellen: *Cipro Musei Vaticani* oder *Ottaviano.*

VATIKANISCHE GÄRTEN
Öffnungszeiten / Führungen:
Werktags 9 - 14 Uhr; Besuch mit Voranmeldung über Vatikanische Museen: Musei Vaticani, Giardini Vaticani, Viale Vaticano; Tel. 06/69 88 3145.

Weitere Sehenswürdigkeiten

KIRCHEN

San Giovanni in Laterano/ Lateranbasilika
Piazza San Giovanni in Laterano, 4
Tel. 06/69 88 64 64, Mo - So 7 - 19 Uhr
Baptisterium und **Scala Santa**
Mo - So 9 - 12/15.30 - 18 Uhr
Kreuzgang Mo - So 9 - 18 Uhr
Piazza San Giovanni in Laterano, 14
Telefon 06/70 49 44 89.

San Paolo fuori le Mura
V. Ostiense, 189, Tel. 06/5 41 03 51
Öffnungszeiten: Mo - So 7 - 18.30 Uhr.

Santa Maria Maggiore
V. Liberiana, 27, Tel. 06/4 88 10 94
Öffnungszeiten: Mo - So 7 - 19 Uhr.

KATAKOMBEN

Sebastians-Katakomben
Via Appia Antica, 136
Tel. 06/7 85 03 50
Öffnungszeiten:
Mo - Sa 9 - 12/14.30 - 17 Uhr
Verkehrsanbindung: Metro Linea A bis *Colli Albani*, dann Bus 660.

Domitilla-Katakomben
V. delle Sette Chiese, 283
Tel. 06/5 11 03 42
www.catacombe.domitilla.it
Öffnungszeiten: Mi - Mo 8.30 - 12/ 14.30 - 17 Uhr; dienstags geschlossen
Verkehrsanbindung: von *Stazione Termini* Bus 714; von *Piazza Venezia* Bus 714.

Der ältere der beiden Brunnen

Der Obelisk

Kolonnade mit Papstpalast

Petrusstatue
auf dem Petersplatz

Fassade der Peterskirche

Peterskirche
mit Kuppel und Figuren

Bronzetor mit Schweizergarde

Die Pietà des Michelangelo

Baldachin des Bernini

Petrusstatue im Petersdom

Apollo-Statue

Laokoon-Gruppe

Der Papst trägt den Fischerring

Papstaudienz auf dem Petersplatz

Messe des Papstes mit Weihrauch

Fotonachweis
Bernd O. Schmidt, München;
Seite 114 links oben, Simona Sansonetti,
La Studiocamera, Rom;
Seite 115, Photographic Service
»L'Osservatore Romano«

Impressum
edition KAPPA, Verlag für Kultur und
Kommunikation, München
1. Auflage 2007

www.edition-kappa.com
Illustrationen: Erika Vogl-Kis
www.evk-illustration.de
Gestaltung: Birgit Feigl
Redaktion: Barbara Brubacher
ISBN 978-3-937600-09-3

**Ein besonderer Dank für die
Unterstützung gilt Pfarrer
Wieslaw Poradzisz,
Gemeinde Neuried b. München**